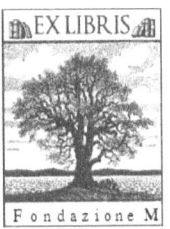

DAVIDE C. CRIMI

L'ORO DELL'EDEN

*note essenziali sulla verità, la menzogna
il potere della propaganda e delle immagini
in teologia e in politica*

Fondazione M

Sommario

Introduzione
1. Il dio dell'Eden non è Dio
2. A proposito dell'idea di Europa
3. Il ricatto del potere
4. La nazione come inganno
5. Per un'analisi critica del mito dell'Eden

Parte Prima:
Eden come figura mentis
6. Un ideogramma del cervello
7. Sul concetto di archetipo
8. L'oblio, o della rimozione
9. L'estromissione del trascendente
10. L'oscurantismo dei sistemi clericali
11. La pericolosa idea di un popolo eletto
12. L'inadeguatezza dell'occultismo
13. La reintegrazione del rimosso
14. La grande biblioteca
15. Le parole dell'Eden

Parte Seconda:
La tesi di Orione

16. Quando in Alto
17. Ordo ab Chao
18. Venuti da Nibiru
19. Pan, cioè Azazel
20. La Gran Madre del Cielo
21. L'Eden Iperuranio
22. Il Signore dei Nomi
23. I Palazzi del Cielo
24. Il Fiume Eridano
25. Malkvth e il Re del Mondo
26. Ermeneutica, non interpretazione

Parte Terza:
La Società degli Spiriti

27. Uno spettro s'aggira per l'Europa
28. Conseguenze sul comportamento individuale e sociale
29. Distorsioni della coscienza

30. Se le religioni siano o no sistemi dotati di possibilità evolutiva
31. I fiumi dell'Altrove
32. Anamnesi
33. L'Oro dell'Eden

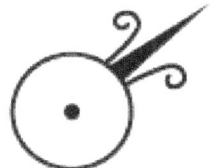

Aurum

Introduzione a *l'Oro dell'Eden*

§1. Il dio dell'eden non è il vero Dio

Il dio dell'eden non corrisponde né logicamente né sul piano simbolico all'idea di un Dio trascendente, giusto, buono, che esprime luce e amore.

Le possibilità di conoscenza, in seguito alle scoperte e ai ritrovamenti avvenuti nel corso del XX secolo, permettono oggi a qualsiasi persona del nostro tempo di verificare direttamente e di capire.

L'argomento non è scontato né banale. L'eden è costitutivo della nostra *forma mentis:* se muta la sua interpretazione si altera tutto il sistema di rappresentazioni della società.

Questa trasformazione è totale perché riguarda il modello fondamentale che regola il rapporto tra l'uomo e il lavoro: il mito dell'eden, infatti, pone *il lavoro come ragion d'essere* per cui l'uomo è stato creato.

L'uomo è stato posto nel giardino *per coltivarlo*

e custodirlo. Proprio la funzione di custodia offre l'indicazione chiara che questa attività è svolta non in proprio ma per conto di qualcun altro, generando una mistica del lavoro dipendente e – attraverso il complemento perfetto della proibizione di cogliere il frutto – negando in radice la possibilità dell'indipendenza.

Secondo i criteri tradizionali, il lavoro è sempre positivo, non può avere significati negativi; il lavoro è sacro, è un dovere inderogabile.

La sensibilità moderna tuttavia permette di vedere al di là di certe apparenze. Obbedire ciecamente ai superiori ed eseguire gli ordini è certamente la dinamica più perfetta di esecuzione del lavoro. Massima efficienza, perfetta efficacia.

Il tremendo messaggio che proviene dalla seconda guerra mondiale e dalle orribili esperienze dei campi di concentramento ci obbligano a rivedere questa apparente ovvietà. Ad Auschwitz si conserva ancora come memoria e monito per le generazioni presenti e future l'inferriata d'ingresso al campo di concentramento sulla quale, paradossale e cinica, campeggia la scritta: *"il lavoro rende liberi"*.

§2. A proposito dell'idea d'Europa

L'Europa moderna nasce sulle ceneri di questa catastrofe. Nel momento più nero di quella notte, dal chiuso di una prigione, gli estensori del *Manifesto di Ventotene* dichiaravano che il principio di libertà era stato del tutto falsato dagli stati nazionali.

Più che in ogni altro documento, in quel *Manifesto* era chiara la denuncia che le élites al governo, presentando l'idea di nazione come fosse una entità voluta da Dio, avevano inoculato il germe da cui si sono originati i totalitarismi e le dittature che hanno ridotto i cittadini a servitori dello stato; le madri a fattrici di soldati.

L'idea nobile, pura d'Europa, dalle sorgenti mediorientali che ne offrono allegoria di un viaggio iniziatico verso l'Occidente per farne luogo di libertà e di trionfo delle *umani sorti e progressive*, sepolta nella notte del medioevo, è ritornata alla coscienza nel *secolo dei lumi*, per farsi idealismo nell'età romantica e ritornare drammaticamente in oblio durante le due terribili guerre del XX secolo. Da queste macerie è risorta per farsi nuova speranza: ma troppo spesso il danaro e il potere, corrompendola, la oscurano.

§3. Il ricatto del potere

Se abbiamo conosciuto un'epoca in cui sterminare altri uomini era semplicemente un lavoro e se si poteva scrivere sul cancello d'ingresso di un campo di sterminio *"il lavoro rende liberi"* e se la storia fosse, così come si dice, *magistra vitae*, a questo punto dovrebbe essere generale la consapevolezza che la libertà può sussistere soltanto se c'è un senso critico e se, prima di obbedire, ci si domanda *"cosa sto facendo, per quale ragione, negli interessi di chi?"*

Il medioevo non è stato oscuro quanto la notte del XX secolo. L'alchimia ha irrorato le sorgenti dell'umanesimo e del rinascimento, preparando i Lumi: ma non si deve cedere all'idealismo astratto dei romantici.

Inutile confidare troppo nella natura umana: *i dotti d'Europa* del medioevo lo avevano compreso e sapevano già che non si può cambiare il mondo ma soltanto sé stessi e un piccolo numero di persone, che i percorsi dell'illuminazione sono per pochi, che chi pretende di cambiare il mondo, se anche fosse il Messia del suo tempo, verrà messo a morte.

C'è nel mondo una componente votata alla conservazione reazionaria del potere, che poi è determinato dalla capacità di sfruttamento di altri uomini, che è contraria ad ogni progresso, ad ogni conquista sociale e civile.

Alla fine del XIX secolo, quando la rivoluzione industriale aveva reso chiara la possibilità che le macchine affrancassero il popolo dai lavori più duri e che era giusto reclamare nuovi diritti per una società più giusta, la reazione fu tremenda, scatenando una violenza inaudita che è alla base delle due guerre del Novecento.

Quando anche questo divenne passato e, dalla ricostruzione, la vita in Europa ricominciò a fiorire, presto si accese la nuova speranza dei giovani prendendo le forme e i colori della *Contestazione*.

Questa volta, la reazione produsse una nuova e più sofisticata forma di violenza controllata, possibile nel nuovo mondo delle comunicazioni di massa, attraverso l'utilizzo della pubblicità e della propaganda che annientò i movimenti di emancipazione attraverso lo *star-system* e la droga, generando un annichilimento delle idee.

Il coronamento del successo reazionario fu completato dal cambiamento del sistema economico, passando dal modello della spesa pubblica che aveva generato l'eccezionale sviluppo del dopoguerra per tornare all'egemonia delle banche private, che era già stato la causa delle guerre del Novecento.

I soldi determinano il controllo degli strumenti di informazione, e chi ha i soldi può controllare le masse attraverso la propaganda, di cui ci illudiamo di conoscere gli effetti.

La libertà spirituale non resiste allo spettro della recessione, alla paura di fronte alle esigenze materiali del sostentamento, alle pressioni economiche che costituiscono il ricatto delle élites per controllare le masse.

Già da prima del verificarsi della seconda guerra mondiale, le componenti più illuminate della società affermavano contro il dogmatismo autoritario il valore permanente dello spirito critico. Evidentemente, non è bastato e non basta.

Lo spirito critico non ha salvato gli ebrei dallo sterminio. L'assurdità del concetto di razza ariana non è bastata a rendere ridicola questa pretesa, non è stata sufficiente a permettere agli uomini di pensiero di affermare la ragione e impedire l'olocausto.

§4. La nazione come inganno

I drammatici eventi della Shoah hanno determinato un clima internazionale che ha reso possibile, alla fine del conflitto mondiale, l'avverarsi di una antica promessa: il ritorno degli ebrei in terra di Israele.

Questo ritorno avrebbe potuto aver luogo in una molteplicità di modi. Si sarebbe potuto, come sostenevano i fautori del sionismo spirituale, fare di Gerusalemme un protettorato internazionale, avviare una serie di progetti multilaterali per recuperare terra al deserto attraverso le più moderne tecnologie, cooperare con gli stati arabi per l'irrigazione di quei territori assetati.

Si è scelta invece, ancora una volta, *la via del nazionalismo*. Israele è sorto come un nuovo stato, occupando territori che fino al giorno prima appartenevano al popolo palestinese, evocando antichi diritti che sono attestati dalla Bibbia, pretendendo di ripristinare equilibri infranti da centinaia e centinaia di secoli.

Il risultato è sotto gli occhi di tutti, e attraversa le cronache come *"Questione Mediorientale"*. I palestinesi hanno la solidarietà degli altri paesi arabi nel considerare Israele come un corpo estraneo, un virus da estirpare. D'altra parte, reagendo a questo clima di odio, gli ebrei appaiono fortemente esposti a tentazioni fondamentaliste e scossi dall'idea di tornare alla convinzione di essere loro, e nessun altro, la razza eletta, il popolo che ha il diritto e il dovere di eseguire gli ordini del suo Dio.

Il *Manifesto di Ventotene,* documento chiave della resistenza antifascista in Europa, indica nell'idea di "razza eletta" un potentissimo strumento capace di esaltare nelle masse l'odio e l'orgoglio. Quest'idea non è esclusiva a questo testo o a una ristretta area illuminata. La si ritrova identica e con sorprendente lucidità di dettaglio proprio tra le componenti migliori del pensiero ebraico.

Eccezionali uomini di pensiero che appartengono al mondo ebraico come Sigmund Freud, Max Weber, Hermann Cohen, Leo Strauss, Irving Greenberg, Abraham Heschel e moltissimi altri, con vari apporti e per linee differenti, hanno chiaramente indicato che *è insostenibile l'idea di un dio che sia esclusivamente il dio di una nazione* e che, inoltre, l'idea di un popolo eletto è stata assolutamente nociva nei risultati storici per il popolo di Israele.

Se mai, il titolo più appropriato alla funzione storicamente svolta da questo grande popolo è quello legato alla missione sacerdotale, alla custodia delle origini e della memoria: un ruolo unificante, e non divisorio, capace di condividere la propria millenaria sapienza con i non-ebrei e di accogliere le istanze delle "religioni figlie", di confrontarsi con le tradizioni d'Oriente.

Un ruolo che richiede la costante attenzione per la costruzione della profezia ebraica, il sopraggiungere di un tempo e di un'era in cui tutti gli uomini adoreranno l'unico Dio.

Quest'unico Dio non può certo essere il dio dell'eden.

§5. Per un'analisi critica del mito dell'eden

Reso possibile e necessario dalle istanze della modernità, dall'accrescimento del sapere, dalla diffusione della conoscenza, dall'affermarsi dell'indagine libera e individuale, il *libero arbitrio* nell'epoca contemporanea richiede più che mai severità e rigore, affinché questa pretesa libertà non sia vana e non si risolva in ulteriore confusione e smarrimento.

La possibilità di discernere e distinguere tra interpretazioni legittime e invenzioni di fantasia si concretizza per effetto delle moderne scoperte archeologiche avvenute a *Qumran* (Rotoli del Mar Morto), a *Nag-Hammadi* (Apocalissi Gnostiche), a *Ibla* (Lettere di Tel el-Amarna), a *Babilonia* (Enuma Elish).

Queste scoperte archeologiche permettono di ristabilire il contesto storico in cui le Sacre Scritture della tradizione biblica si sono formate, sviluppate, consolidate, incentivando il confronto e la ricerca di fonti comuni.

L'essenziale di cui qui si riferisce, rispetto alla testi approfonditamente argomentata ne *Il Dio dell'Eden,* si riconduce ai seguenti elementi:

il primo, già definito, che il dio dell'eden non può essere il vero Dio;

il secondo, che questa tesi è legittimata non soltanto dalla persistenza della lettura "gnostica" dei Vangeli secondo la prospettiva del cristianesimo delle origini, ma è oggettivata dai manoscritti ritrovati a Qumran e Nag-Hammadi;

terzo, che l'affermazione che il dio dell'Eden non è il vero Dio non è una curiosità teologica ma è un ribaltamento che causa la necessità di rivedere l'intera costruzione sociale;

da quanto sopra, poiché il mito pone l'uomo nel giardino dell'Eden *"per coltivarlo e custodirlo"*, l'assetto di subalternità al padrone viene messo radicalmente in discussione, come la medesima etica del lavoro, dalla quale emergono finalmente i rapporti di sfruttamento;

al quinto punto occorrerà fare una riflessione sull'ipotesi che l'origine degli esseri umani sia soltanto per metà terrestre, considerato che i manoscritti di Qumran permettono di far luce sul capitolo VI del libro della Genesi in modo perfettamente logico;

che i rapporti tra uomo e donna vanno ridefiniti sia come emancipazione dal padre che in relazione alla natura incestuosa della relazione madre-figlio;

infine, che la psicologia del profondo ha spiegato da tempo che le immagini agiscono dentro le nostre anime e che ci sono immagini che vivono (attraverso le varianti del mito in cui si sono condensate) da secoli, da millenni e che quindi rovesciare un idolo non è soltanto un fatto superficialmente estetico o puramente razionale: è qualcosa di sconvolgente, che rivoluziona tutti i comportamenti sociali.

Che il Dio dell'Eden non sia il vero Dio è innegabile alla coscienza moderna, che inoltre nel XX secolo ha ricevuto il trauma di scoperte archeologiche attraverso cui, dalla notte del tempo, sono riemersi manoscritti della tradizione biblica che sostengono in modo chiaro questa affermazione.

Gli effetti di questa idea attendono ancora di essere compresi.

EDEN

COME FIGURA MENTIS

§6. Un ideogramma del cervello

Eden è un'immagine psichica, è la forma della mente, è la figura intellettiva che rappresenta il percorso cerebrale delle sinapsi, la struttura delle luci del cervello.

È quanto si ricava dall'*Idra Zuta*, l'Assemblea Minore, pietra angolare di quell'immenso, luminoso e oscuro repertorio di scritti mistici raccolti sotto il nome *Zohar*, Splendore: *Giardino* (in ebraico biblico *Gan*) può esser tradotto con estensione, spazio; *Eden* con tempo, ciclo; entrambi i termini sono chiusi dalla particolare forma allungata in limine della *n* finale, riverbero del valore universale. *Gan Eden* è il cerchio fiammeggiante dello spazio / tempo.

Il Giardino dell'Eden è il mondo aureo in cui si agitano le forze immanenti della vita, un crepitare di entità significanti che, attraverso una serie di semplificazioni matematiche, può essere ridotto fino all'irriducibile presenza esistenziale di *un Uomo e una Donna*.

La dimensione simbolica traduce il racconto in *archetipo della condizione umana.* Il seme rivela l'*Albero,* simbolo composto di simboli istoriati su pietra e dipinti per segni geroglifici che manifestano *la Vita* e *la Conoscenza.*

Il mistero dei rami e delle fronde si ripete indefinitamente, attecchisce in modo che si direbbe indipendente dallo spazio geografico e dal tempo storico, si presenta e si ripresenta sempre con un ruolo significativo e costitutivo in tutte le tradizioni.

L'Albero si rigenera costantemente, fiorisce nei Libri Sacri, dal libro della *Genesi* al *Rig Veda* della tradizione sanscrita, dallo *Hsia Hsiao Cheng* della Cina arcaica al *Popol Vuh* dei sacerdoti Maya, attraversando i confini geografici e le epoche, rifiorendo negli scritti del *Corano,* riverberando come folgore in quella visione dello *Zohar* dove si dichiara che l'Eden è la forma del cervello.

§7. Sul concetto di archetipo

Il concetto di archetipo, nel linguaggio della psicoanalisi, attiene specialmente al campo dell'inconscio collettivo.

Occorre dire che Freud, in generale, è sempre stato molto prudente nel trattare temi complessi come la possibilità di configurare la dimensione interpersonale dei fenomeni inconsci, diffidando i suoi collaboratori dall'indagare questi ambiti, addirittura lanciando strali sugli studi sui fenomeni occulti svolti da Ferenczi e Rank.

Il rigore di Freud si spiega non certo come certezza di vedute o chiusura alla sperimentazione: è semplicemente la prudenza di chi sa di aver faticosamente posto in essere una nuova disciplina scientifica ancora vulnerabile e fragile, esposta agli attacchi di detrattori pronti a demolirla al primo mezzo passo falso.

D'altra parte, per quanto indubbiamente Freud privilegi la dimensione personale e soggettiva come spazio d'analisi per la psiche, tuttavia nelle sue opere si trovano riferimenti a dimensioni superindividuali, sia in senso orizzontale-sincronico (tra individui diversi che vivono nello stesso tempo) che verticale-diacronico (tra individui che vivono o hanno vissuto in epoche diverse).

Questo aspetto della psicoanalisi freudiana culmina nell'affermazione che «...*se nell'inconscio sussistono formazioni mentali ereditate, queste ne costituiscono il nucleo centrale*».

Il concetto di archetipo, che è correlato in modo molto stretto a quello di "formazioni mentali ereditate" è la formula sintetica che Carl Gustav Jung, il più diretto collaboratore di Freud, utilizzò per approdare alla definizione di un *inconscio collettivo*.

Jung trasse l'espressione "archetipo" dal repertorio dei testi dello gnosticismo, in particolare da Filone, Ireneo, Dionigi Aeropagita, etc. in cui si trova utilizzata con la funzione di indicare *l'immagine di Dio nell'uomo*.

La dottrina gnostica è espressione della contaminazione tra ellenismo, ebraismo, cristianesimo primitivo. La sua definizione è legata alla radice greca *gnosi*, che significa appunto *conoscere*.

È noto che la gnosi fu respinta e repressa come eresia: l'affermarsi del cristianesimo storico in quanto religione dell'Impero condusse a una visione più severa e più ristretta, generando un clima di intolleranza che precipitò nell'incendio della Biblioteca di Alessandria, nella distruzione del Tempio di Eleusi, nella soppressione dei Giochi Olimpici.

Come scrive Jung, «*il dogma sostituì l'inconscio collettivo.*»

§8. L'oblio, o della rimozione

La frase dogmatica *"Dio ha creato l'uomo a propria immagine e somiglianza"* presenta una costruzione veramente fragile e vulnerabile.

Il suo esser priva di ogni sostegno logico la rende del tutto intuitiva, aprioristica, legata a un dogma metafisico.

Vediamo cosa succede se, partendo dal bisogno dell'uomo di dare senso alla propria vita, in una prospettiva laica e antropologica, si ribalta la prospettiva affermando che «*L'uomo ha creato Dio a propria immagine e somiglianza*».

Questa costruzione, perfettamente logica in quanto parte da elementi dati (l'uomo e la sua capacità immaginativa, per non dire della sua ansia di assoluto), è troppo rilevante per risolversi in una vaga provocazione.

In primo luogo, sostenere questa proposizione non significa sostituire una verità con un'altra. A tal proposito, per sgomberare il campo da confusioni ed equivoci, la filosofia orientale dispone di un concetto illuminante, che appare in un trattato noto come *Vivekacudamani*, il Diamante della Discriminazione. Secondo questo trattato la Verità, per essere tale, deve possedere due caratteristiche: essere eterna e immutabile. Poiché nel mondo come noi lo conosciamo tutto è soggetto alle leggi del mutamento ne consegue che, in questo mondo, la Verità non c'è. Invece della Verità, ci sono tante verità o, se si preferisce, tanti frammenti di verità.

In rapporto al tema presente, ciò significa che la seconda frase non sostituisce la prima ma le si accosta, per cogliere *altri aspetti* dell'unica Verità.

Il punto di partenza per l'affermazione dell'esigenza mistica del mondo contemporaneo (e cioè di un rapporto con la vita spirituale da parte di ogni persona) può esser dato dalla circostanza oggettiva per cui questo è un bisogno rimosso, che attende di essere riconosciuto e soddisfatto.

Ogni uomo e ogni donna esprimono, nella sfera più alta delle proprie emozioni, il desiderio di entrare in contatto con la dimensione spirituale della vita.

Per ottenere questo risultato, molti aderiscono ad una religione istituzionale; altri cercano esperienze esotiche, come lo yoga o la meditazione trascendentale; altri cambiano religione.

Non sono queste tuttavia le modalità più diffuse. In genere, la maggior parte delle persone che vivono in Occidente tendono a restare formalmente aderenti alla religione di nascita, praticandola poco e distrattamente, rimuovendo le domande sulle cause profonde.

I valori dominanti della vita occidentale tendono a non attribuire rilievo allo studio delle Sacre Scritture. Anche tra gli occidentali che si dicono credenti – che in maggioranza appartengono a espressioni del Cristianesimo – sono davvero pochi quelli che hanno letto per intero la Bibbia o anche soltanto il Nuovo Testamento.

Complessivamente, l'assetto della vita quotidiana è concepito in maniera da non lasciar tempo per approfondire e ricercare.

In ogni caso, ricerche e approfondimenti nel campo spirituale sono genericamente respinti come perdite di tempo in rapporto ad una società che è attenta ai criteri dell'utile e del profitto.

D'altra parte, queste ricerche sono oggi più che mai possibili e stimolanti perché, a parte l'accresciuta disponibilità dei libri, il progresso tecnologico permette di accedere facilmente e in qualsiasi momento a testi un tempo rari e introvabili.

Questa situazione produce il paradossale effetto per cui oggi tutto è raggiungibile, ma non viene utilizzato: con un'iperbole, si può dire che *tutto è sotto gli occhi di tutti, eppure nessuno se ne accorge.*

Con linguaggio psicoanalitico si potrebbe definire *latenza* questo stato di cose determinato dal sussistere di un *contenuto rimosso* che - per effetto di tabù, dogmi, inibizioni sociali - viene sottratto alla coscienza.

Il modo di vita occidentale intende la religione come dato oggettivo e non mai, o almeno raramente, come situazione in cui esercitare la mente per tentarne la comprensione, l'indagine, lo studio.

Lo studio delle Sacre Scritture è l'elemento sensibile che permette di progredire nella saggezza e nella consapevolezza.

Un'appropriata considerazione sociale di questo tipo di conoscenza dovrebbe essere considerato come il traguardo da raggiungere in età avanzata, l'immagine del vecchio saggio che conosce la vita e si prepara a rinunciarvi.

Anche qui tuttavia il modello di vita occidentale rimuove la verità: l'effetto del prevalere del tempo dell'orologio *(kronos)* sul tempo ciclico *(kayros)* finisce per svuotare il significato del progredire dell'età; il predominare dell'utile rende le persone in età avanzata semplicemente scorie, residui di strumenti di lavoro ormai inutilizzabili.

Si perde così la più importante risorsa spirituale di collegamento tra il mondo attuale e il trascendente.

§9. L'estromissione del trascendente

Il modello di vita occidentale è dominato da un'idea dell'utile che esige un'immediata applicazione traducibile in moneta, denaro, potere d'acquisto.

Questo impianto esclude l'attribuzione di significato e di valore a tutto ciò che non possiede un tale diretto riscontro nella vita concreta, pratica, economica.

Il fatto poi che l'idea dell'utile rimanga indipendente dall'effettivo valore dell'applicazione concreta, non ha nessun rilievo. Ciò che ha significato si può tradurre in danaro; non così ciò che per la società dell'utile non ne ha: è questo l'unico criterio e non ce ne sono altri al di fuori di questo.

Si determina l'inevitabile *estromissione del trascendente* dalla vita quotidiana, rifiutato in quanto categoria priva di utilità.

L'estromissione si perfeziona con la confusione operata dalla cultura egemone tra trascendente e soprannaturale, che contribuisce a vanificarne ogni possibilità di recupero.

Il soprannaturale riguarda l'interruzione dell'ordine fisico naturale (come nel caso di particolari fenomeni quali sono ritenuti i miracoli). Il trascendente, al contrario, rientra nella dimensione naturale della vita umana (la preghiera ne costituisce l'esempio più perfetto).

La sovrapposizione e la confusione tra trascendente e soprannaturale ha l'effetto di appiattire i due termini considerandoli sinonimi, riconducendo tutto ad una categoria vaga in cui, da una parte i miracoli si svalutano in magia popolare; dall'altra il trascendente viene svuotato di senso, escluso ed occultato rispetto alla vita quotidiana.

§10. L'oscurantismo dei sistemi clericali

Una prospettiva laica e perfettamente agnostica, richiederebbe di prendere in considerazione soltanto ciò che è attestato da condizioni di fatto: all'origine di queste si trova l'evidenza che ogni persona viene da un grumo di sangue originato da un coito.

Si potrebbe dire facilmente che tutto il resto non è che invenzione, eloquenza di poeti, fantastico pretesto per coprire un misfatto o un gioco o un sogno o un'allegoria.

L'affermazione «*Dio ha creato l'uomo a sua immagine e somiglianza*» con il suo reciproco «*L'uomo ha creato Dio a propria immagine e somiglianza*» costituisce il paradigma di riferimento di tutte le invenzioni metafisiche. Ma, anche a voler considerare materialisticamente tutte le immagini delle religioni come pure immaginazioni fantastiche, da dove traggono la loro forza persuasiva? Qual è l'origine della loro potenza?

Senza dubbio, ogni tentativo di risposta è sempre un tradire la verità, ch'è più complessa e, quindi, più semplice.

Dato d'osare uno sguardo sull'essenza delle cose, non si possono tacere il sincero bisogno spirituale, né il volere, né il sapere; né si può annullare il bagliore sinistro della morte: però, ad uno sguardo attento e smaliziato, dietro queste idee scintillanti si rivelerà sempre il traguardo concreto e umano del potere.

È più semplice dir *«Fa' questo in nome del Signore»* per ottenere obbedienza.

È questa la ragione storica per cui l'idea di Dio divenne mestiere di sacerdoti, vestibolo del sistema di governo che ha mantenuto per secoli generazioni di re e di sovrani.

Dio si ridusse a *dio di una nazione, signore degli eserciti* che marcia alla testa di un popolo e promette lo sterminio dei suoi avversari.

Si svilupparono dottrine, si tenne celata in ogni modo la fine trama posta a coprir l'incongruenza d'*un dio diverso ad ogni confine*.

Oscurantismo, chiusura, assenza di luce, fu ciò che i sacerdoti d'ogni clero coltivarono, dando vita a una *teologia scienza triste* che più e più si rinchiuse nei suoi dogmi, rinunciando a tentare di capire le parole dei profeti, più che mai volgendosi ad impedire che tali parole fossero liberamente studiate e interpretate.

Questo *orientamento apodittico delle religioni* (nel senso che i rispettivi contenuti sono imperativi elaborati senza alcun confronto) è la malattia congenita causata da ogni clero che sia stabilizzato come sistema di potere.

L'istituzione tende a guardare esclusivamente al suo interno e a chiudersi fisiologicamente nell'ortodossia, il cui aspetto patologico è il *fondamentalismo.*

La forza persuasiva e la capacità di coinvolgimento sociale vengono mantenute nel modo più semplice, mediante lo spostamento della causa prima che determina l'origine del potere. Si opera così *una traslazione che attribuisce a Dio ciò che invece è stato elaborato dagli uomini.*

Le religioni istituzionali possiedono una fortissima capacità di assorbimento, determinata dalla *pressione sociale alla conformità,* nel senso che tutti gli agenti di socializzazione (la famiglia, la scuola, il mondo del lavoro) esercitano una pressione verso l'adesione al modello religioso egemone.

L'effetto è quello di *rendere impossibile discutere ciò che attiene al dominio della religione*: l'unica possibilità è quella di accettare incondizionatamente l'ordine sociale che ne deriva.

Questa trasposizione nasconde così il fondamento del potere nella sfera del sacro e del dogma: *la supremazia di un gruppo di uomini sugli altri falsamente legittimata come volontà di Dio.*

§11. La pericolosa idea di un popolo eletto

Le religioni universali possono mantenersi soltanto attraverso un clero che le rende istituzionali.

I profeti e i loro movimenti carismatici storicamente hanno dimostrato che, per sopravvivere al tempo, hanno bisogno di trasformarsi in organizzazioni stabili, che assumono la forma del corpo di sacerdoti: il clero.

Nell'organizzazione sociale, il clero è una classe sociale che non prende parte alla produzione attiva. Per questa ragione, il fondamento economico della sua esistenza è sempre stato molto importante, al punto da aver condotto alla manipolazione delle Sacre Scritture (o, almeno, della loro interpretazione) in modo funzionale agli interessi di questa classe sociale e dei suoi più diretti alleati.

Questo assunto non scade in un determinismo e non prende esclusivamente valore negativo. La lucidissima analisi di Max Weber ha messo in evidenza come, a voler interpretare il corso del mondo come un processo dotato di senso, proprio i sistemi religiosi caratterizzano un movimento storico di *espansione della coscienza collettiva*.

L'espansione si manifesta come graduale allargamento che dall'attribuzione esclusiva dei misteri religiosi ad una casta (i leviti per l'ebraismo, i brahmani nel caso dell'induismo, etc.) volge verso la progressiva inclusione di settori crescenti della società.

L'opera storica dei profeti può essere caratterizzata in questo senso: Mosè, Socrate, Buddha, Cristo, Rabbi Aqiba, Mohammed, Shabbatai Tzevì, Gandhi sono accomunati dai loro tentativi di conquistare un sapere che era appannaggio esclusivo di ristrette caste ed estenderlo al mondo intero, ad ogni persona in grado di riceverlo.

Mosè con la sua rivelazione emancipò un intero

popolo dal dominio dei sacerdoti egiziani; Socrate scardinò la concezione delle scuole esoteriche e misteriche, portando il sapere sulle piazze; Buddha si oppose all'esclusivismo dei brahmani, la casta indù che a sé soltanto riservava la conoscenza, per darla a tutto il popolo[1]; Gesù sostenne che la dottrina ebraica non doveva essere riservata soltanto a sadducei e farisei[2], ma aperta ad ogni persona che voglia applicare la legge del Signore; rabbi Aqiba continuò questa riflessione e la ricondusse ad Abramo e ai Patriarchi anteriori al diluvio, sottraendola così all'esclusivismo ebraico; Mohammed fu l'uomo che tramutò le

---

[1] Un altro passo in questo senso fu compiuto, dopo la morte del Buddha Shakyamuni, con l'affermarsi del buddhismo mahayana che, in opposizione alla tradizione hinayana che riservava soltanto ai monaci l'insegnamento della dottrina del Buddha, la estendeva a tutti.

[2] Dopo la scissione del regno avvenuta alla morte di Salomone, il popolo di Israele si divise tra i fautori di Roboamo (figlio del re, cui rimasero fedeli le tribù di Giuda e Levi, capitale Gerusalemme) e Geroboamo (che invece ebbe il sostegno delle altre dieci tribù di Israele, con capitale Shechem, poi Samaria). Il prevalere storico delle ragioni e delle fortune delle tribù di Giuda e di Levi condusse alla riduzione dell'ebraismo a giudaismo, cioè al punto che soltanto i discendenti dalla tribù di Giuda (oltre che da quella sacerdotale dei Leviti e, in parte, dalla tribù di Beniamino) potevano legittimamente dirsi ebrei al tempo di Gesù. La grande novità dell'insegnamento di Gesù è data proprio dal fatto che la sua dottrina afferma con chiarezza che la salvezza dell'anima non può essere attribuita a criteri di sangue, quanto all'effettivo "camminare con Dio". Alla luce delle attuali conoscenze (soprattutto, su questo aspetto, i testi di Qumran) la famosa parabola del "buon samaritano" va riletta sulla base di questi presupposti, e cioè l'orientamento inclusivo riferito alle altre dieci tribù di Israele (alle quali, dopo lo scisma del regno alla successione di Salomone, non veniva più riconosciuto lo statuto di ebrei e venivano spregiativamente chiamati "samaritani" con riferimento alla capitale del loro regno).

varianti arabe di dottrine che provenivano dalla matrice della gnosi cristiana[3] nella rivelazione di un popolo che si apriva a una nuova missione storica, quella di riportare alle sue autentiche radici l'antica tradizione di Abramo; Shabbetai Tzevì[4], partendo dal presupposto di riunificare le tribù di Israele, realizzò il paradosso di un messia ebreo che si converte all'Islam, a significare che la legge di Dio non conosce frontiere; Gandhi, tra i moderni, si batté strenuamente per ottenere l'abolizione di ogni discriminazione di casta (all'interno dell'induismo[5] e del sistema politico dell'India) e per il riconoscimento della dignità della persona.

---

3 Anche nel campo dell'islamistica, il progredire delle conoscenze ha permesso di identificare in al-Waraqa, un cugino del padre di Hadiga, la prima moglie di Mohammed, una figura essenziale nello sviluppo delle prime rivelazioni che costituiscono la matrice del Corano. Al-Waraqa era un uomo carismatico che trascriveva e trasponeva passi delle scritture in lingua araba. A più riprese il Corano argomenta la necessità di riportare la tradizione alla sua autentica radice.

4 Shabbetai Tzevì, vissuto nel XVII secolo, fu ritenuto da alcune componenti ebraiche come il Messia che avrebbe riportato il popolo di Israele alla Terra Promessa. Imprigionato dal sultano turco in seguito a diverse e controverse vicende, si convertì all'Islam, dove fu ricevuto da Niyazi nell'ordine Sufi dei Mevlevi.

5 La società indù, sin dalle sue più remote origini, era articolata secondo un sistema di caste. I *brahmani* erano i re-sacerdoti, gli *ksatriya* costituivano le gerarchie militari, i *vaisya* erano artigiani, agricoltori e commercianti, i *sudra* servitori. Fuori dalle caste c'erano poi gli "intoccabili". Il principe Shakyamuni, il Buddha storico, apparteneva agli *ksatriya*. Gandhi, che veniva da una famiglia di *vaisya*, dedicò la sua vita ad eliminare ogni pregiudiziale esclusione fondata su criteri di appartenenza di casta.

Questa visione della storia mette in crisi la nozione di *popolo eletto.* Non solo la mette in crisi, ma la qualifica anche come nociva, nel senso che la pretesa che una nazione possa qualificarsi come "Popolo di Dio" e non riconoscere a nessun altro questa prerogativa, è fatalmente il fondamento di una dottrina razzista.

Una corretta interpretazione della missione sacerdotale andrà ricercata, piuttosto che nell'affermazione di un nazionalismo oppositivo, nel ruolo di custode della tradizione e strumento dell'espansione e della diffusione[6] dell'Israele universale e della dottrina del Dio trascendente.

§12. La reintegrazione del rimosso

Il primo passo per reintrodurre nella vita quotidiana l'orizzonte spirituale e la ricerca del trascendentale è recuperare l'irrazionale alla sfera del razionale, e dunque *riportare il rimosso alla coscienza.*

La magia è la sfera del rimosso per il pensiero occidentale. Scegliendo di edificarsi sulla filoso-

---
6 Su questo argomento, si vedano le riflessioni di autorevoli filosofi ebrei come Leo Strauss o Hermann Cohen.

fia razionale e sul positivismo scientifico, *l'Occidente ha cancellato la metafisica e ha apertamente abdicato alla teologia non dogmatica*. La filosofia e la teologia sopravvivono soltanto nel loro asservimento alla ragion di Stato.

In breve, un *libero arbitrio inteso come libera interpretazione delle Sacre Scritture* è qualcosa che ancora non appartiene alla coscienza collettiva. Eppure, è proprio questo il linguaggio dell'anima, dove il mito ne è la grammatica e la sua comprensione, come evidenzia Hillman, non è nell'interpretazione ma proprio nell'esegesi e nell'ermeneutica.

L'antropologia, la sociologia e la psicoanalisi durante il XX secolo hanno aperto strade per nuove interpretazioni della religione e non può passare sotto silenzio che i contributi fondamentali a queste discipline scientifiche siano provenuti dall'universo culturale ebraico.

In addizione, le scoperte archeologiche che si sono succedute durante il corso del Novecento hanno prodotto elementi che permettono ricostruzioni dei contesti in cui sono state concepite le Sacre Scritture (con una formidabile messe di varianti, apocrifi, etc.).

È nello spirito del tempo che i contenuti sin ora

rimasti latenti siano pronti per manifestarsi alla coscienza collettiva.

Questa *latenza* è storicamente dovuta al fatto che il sistema della cultura egemone ha sempre ricusato il colpo e assorbito lo scandalo ogni qualvolta si è confrontata con movimenti orientati all'emancipazione della società.

Le accuse di eresia, i roghi dell'inquisizione, la tortura sono stati gli strumenti di cui i difensori di una pretesa purezza della fede si sono avvalsi nel passato.

Queste forme di reazione non sono più possibili nell'Occidente contemporaneo: le parti più conservative hanno cambiato strategia, passando dalla conservazione del segreto attraverso l'occultamento e la rimozione delle fonti ad una modalità nuova e del tutto opposta.

Si tratta oggi di governare strategicamente la confusione e il disordine che derivano dall'eccesso di informazione e dall'incapacità del grande pubblico di assumere una capacità selettiva. Concretamente, l'effetto grottesco è l'ipertrofia della pubblicità e l'esaltazione incondizionata e indiscriminata del sistema dei consumi.

Poiché la molla della pubblicità, è risaputo, è la sollecitazione sessuale, se ne ricava un progressivo dilatarsi dei confini di cosa si debba intendere per trasgressione, il che pone le condizioni per una società sempre più sfrenata e senza limiti alla sua corruzione.

Una società corrotta non ha e non può avere in sé i semi per l'emancipazione e la crescita spirituale. Tuttavia, questo stato di cose non è combattuto dal sistema religioso egemone, perché la principale preoccupazione di questo è mantenere l'ordine costituito. L'assetto imperniato sulla *dottrina del perdono* significa di fatto sostenere la corruzione della società ed impedirne il progresso, ovvero fare il gioco dell'ordine costituito.

L'attuale stato di latenza di una coscienza religiosa occidentale fondata sul libero arbitrio continua ad essere funzionale alla capacità di controllo e gestione di posizioni di potere.

Ribaltare questo stato di cose tuttavia è possibile e, di più, diventa ogni giorno un obiettivo più vicino. Sono molte le opere che lavorano in questa direzione.

Si tratta di un lavoro oscuro e luminoso, spesso tanto faticoso quanto entusiasmante, che richiede di partire dai fondamenti e cioè dall'inganno nell'interpretazione di un antico mito che, dietro la sua apparente innocenza, assume da sempre la funzione di regolazione e di controllo della percezione della realtà.

Il punto di partenza è che *il Signore dell'Eden non è Dio.*

§13. La grande biblioteca

A voler utilizzare un'immagine iperbolica, è come se i manoscritti perduti nel rogo della grande Biblioteca di Alessandria fossero improvvisamente tornati ad essere.

Con un paradosso ironico, si potrebbe definire un *ritorno di fiamma* quel che è accaduto con i ritrovamenti archeologici di Nag- Hammadi, a completamento delle tracce già emerse con gli scavi di Ebla (da cui si è derivata, oltre ogni possibile dubbio, la continuità linguistica e letteraria tra la tradizione ebraica e quella mesopotamica) e di Qumran, i cosiddetti "Rotoli del Mar Morto" (che hanno permesso di comprendere la funzione dell'apocalittica nell'ambito delle correnti riformatrici del giudaismo) e che rimettono in movimento le acquisizioni fatte alla scienza all'inizio del XX secolo dagli scavi condotti per conto del

British Museum in Mesopotamia.

Le conseguenze sono eclatanti. Argomenti che sono sopravvissuti attraverso i secoli attraverso canali esoterici, massonici e iniziatici – ma proprio per questo giunti al livello di inutilizzabilità per la loro inestricabile miscela di verità e invenzione – tornano adesso ad una dimensione di piena legittimazione scientifica e oggettiva possibilità di lettura e interpretazione.

Il punto decisivo è che queste nuove possibilità di interpretazione non costituiscono soltanto una curiosità filosofica, ma sono il presupposto di una nuova interpretazione dei rapporti sociali ed economici; assumono cioè rilevanza politica.

§14. Le parole dell'Eden

Il mito dell'Eden, dopo il ritrovamento di questi manoscritti, risulta rivoluzionato rispetto alla definizione canonica tradizionale.

In effetti, anche restando al canone biblico, l'immagine di Dio che si ricava dal Signore del Giardino possiede già in sé caratteri che rendono, se non legittima, almeno razionale la posizione del dubbio.

Se è difficile assorbire la maledizione e il castigo di Adamo ed Eva, ancor meno comprensibile resta l'atteggiamento di fronte a Caino e Abele, che rischia di assumere i contorni di un'istigazione al delitto.

È naturale che una simile affermazione strida con i postulati della tradizione ermeneutico-interpretativa delle ierocrazie e delle caste sacerdotali. Ma è anche vero che oggi i manoscritti ritrovati indicano chiaramente la possibilità interpretativa che la figura del Signore dell'Eden sia risolta in un'*ipostasi*, e cioè una rappresentazione che ha l'aspetto di Dio, ma non ne possiede la sostanza. In altri termini, il Signore dell'Eden non è che il Grande Ingannatore.

Il manoscritto NHC II, I, 13[7] riporta testualmente: «*Io sono un dio geloso, e non c'è altro dio all'infuori di me*».

Cui segue:

«*Ma pronunziando questo, agli angeli che si trovavano con lui segnalò che c'era un altro dio; se, infatti, non ce ne fosse stato un altro, di chi poteva essere geloso?*»

---

[7] *Testi Gnostici*, a cura di Luigi Moraldi, Torino 1982. NHC è sigla che sta per *Nag Hammadi Codex.*.

LA TESI DI ORIONE

§15. Quando in Alto

Enuma Elish significa «*Quando in alto*».

Sono queste le prime parole del poema composto sulle sette tavole cuneiformi che costituiscono la più antica testimonianza sui *miti arcaici della creazione.* Seguendo lo sviluppo della trama del poema, si legge che la creazione trae origine dal caos,[8] il primordiale Abzu,[9] l'immagine delle acque abissali su cui riverbera lo spirito di Dio secondo la descrizione del libro della *Genesi.*[10]

---

8 Questo originarsi della creazione dal caos corrisponde in modo perfetto a quanto esprime Esiodo nel suo poema *Teogonia* (v. 116). Gli esegeti concordano nell'identificare i racconti e la mitologia del Vicino Oriente con le fonti del poema di Esiodo, al punto da poter considerare quest'ultimo come la consapevole sistematizzazione greca di antichissime correnti di sapere.

9 *Enuma Elish* I, 3. Dall'Abzu scaturisce poi un drago chiamato *Tiamat*, in stretta relazione con *Theom*, la parola ebraica che genericamente viene usualmente tradotta anch'essa con "abisso" e che nella mitologia ebraica, invece, assume l'immagine del drago.

10 *Genesi* I, 2. Tutti gli specialisti concordano nel riconoscere l'influenza della mitologia mesopotamica sulla struttura della creazione del mondo come appare descritta all'inizio della Bibbia. Sul punto, cfr. a.e.: Max Weber, *Ancient Judaism*, New York 1967.

L' *Enuma Elish* ci è noto a seguito degli scavi eseguiti in Mesopotamia per il British Museum,[11] con vari apporti internazionali,[12] tra il XIX ed il XX secolo.

La sua composizione, databile alla I Dinastia Babilonese, era certamente completata al tempo di Hammurabi.[13]

---

[11] Come per ogni scoperta, i risultati dipesero dai numerosi apporti, talora concorrenziali, provenuti dalla Francia (scavi di Paul Emile Botta, a Ninive), dalla Germania (scavi di Robert Koldewey, a Babilonia), dall'Inghilterra (scavi di A. H. Layard, a Nimrud e Ninive; George Smith, a Babilonia; Leonard Woolley, a Ur), dall'America (V. Hilprecht, a Nippur).

[12] La decifrazione della scrittura cuneiforme, fu un processo articolato e composito, il cui punto di partenza può esser fissato con la fine del 1600, quando il viaggiatore italiano Piero Della Valle portò in Italia alcune tavolette. A queste si aggiunsero poi quelle ritrovate da Carsten Niebuhr a Persepoli (la capitale dell'impero persiano), intorno al decennio 1760-1770, che sarebbero state decifrate dal tedesco Georg Friedrich Grotenfend. Sebbene le iscrizioni di Persepoli fossero estremamente più recenti rispetto a quelle assiro-babilonesi e, ancor più, rispetto a quelle sumere, Grotenfend indicò con chiarezza che la mancanza di qualsiasi linea curva aveva la sua ragione nella modalità di realizzazione di queste tavolette, argilla modellata con uncini ad angolo formati da due cunei e sempre rivolti dall'alto verso il basso e (in ciò contrariamente alle scritture semitiche) da sinistra verso destra. Cfr. C.W. Ceram, *Civiltà sepolte*, Torino 1952.

[13] Sesto re della prima Dinastia babilonese, Hammurabi visse nel XVII secolo a.C.; la sua figura è di grande notorietà per il codice legislativo da lui emanato. Meno noto è il fatto che a questo codice di leggi è premesso un lungo preambolo che costituisce il riconoscimento – attraverso il richiamo al nome degli dei e dei templi – della signoria di importanti città mesopotamiche di cui Babilonia ambiva ad essere il centro unificante. In questo senso, il preambolo del codice di Hammurabi può essere considerato uno dei più antichi documenti che esprimono il principio del *federalismo*.

A sua volta l' *Enuma Elish* presenta debiti verso fonti ancora più remote: gli esegeti affermano infatti che questo poema costituisce un lavoro di sintesi di *inni*[14] di origine e provenienza più antica, in cui si fondono la tradizione assira e la sumera.

Secondo i più autorevoli commentatori, questa sintesi non esaurisce il suo significato nell'incommensurabile valore artistico, ma trova un ulteriore motivo strategico e politico nella finalità di creare un culto condiviso a tribù differenti, con centro unificante in Babilonia.

Enuma Elish non è un poema nuovo, nel senso che questo testo organizza contenuti che prima esistevano in forma sparsa, e cioè come inni e incantesimi non organici, diversi da città a città, differenti per le varianti apportate dalle diverse dinastie babilonesi e, prima ancora, assire e sumere, riconducibili ad un nucleo mitico unitario molto preciso e molto saldo, identificabile nella leggenda di Orione.

---

14 L'*inno* è la forma propria dei componimenti arcaici con i quali gli uomini dedicati agli spiriti divini le loro offerte sacrificali. Proprio l'affermarsi della poesia ebbe l'effetto di mitigare l'originario carattere cruento dei riti, con una progressiva acquisizione di categorie filosofiche e religiose. Sul tema, cfr. *Testi sumeri e accadici*, a cura di G.R. Castellino, Torino 1977.

D'altra parte, cogliendo il significato politico, si può affermare che la composizione di un poema unitario sulla creazione – qual è *Enuma Elish* – fu essenzialmente motivata per affermare la centralità politica di Babilonia sull'intera Mesopotamia. Questo argomento è estremamente significativo per quella che potrebbe definirsi la prima esperienza politica di federalismo[15]

Babilonia raccolse così l'eredità dell'impero assiro di Accad[16] e quella, ancora più remota, dell'antica civiltà dei sumeri di Ur e di Eridu.[17]

Il nostro attuale interesse per *Enuma Elish* dipende dal fatto che i manoscritti di Ebla, di Qumran e di Nag-Hammadi illuminano i contenuti che emergono da quelle scritture cuneiformi, rendendo comprensibile – pur tra le differenze – il flusso di un'unica tradizione nella quale si può seguire in modo chiaro l'evolversi dell'idea di Dio.

---

15 Cfr. nota 20.

16 La prima Dinastia di Accad viene fatta risalire a Sargon I (circa XXIII sec. a.C.). Sargon, che le fonti annoverano come primo re dopo il diluvio, viene talora identificato con Tammuz o Nimrod, "il cacciatore", fondatore di Accad, Ninive e Babilonia.

17 La civiltà sumera, con la conoscenza del fuoco e della lavorazione dei metalli, con l'invenzione della scrittura e la fondazione di città come Eridu (Erech), Uruk, Kish, Nippur, Ur, Lagash, segna l'ingresso dell'umanità in età storica.

§16. Ordo ab Chao.

Il centro unificante della trama di *Enuma Elish* è la lotta originaria tra l'ordine e il caos.

Apsu,[18] il profondo abisso, e *Tiamat*, il drago delle acque, rappresentano figurativamente lo spazio fisico della Mesopotamia. Con ogni evidenza, l'archetipo del mito è una figurazione delle forze naturali.

Il frequente straripare del Tigri e dell'Eufrate nella stagione delle piogge spesso comportava l'unificazione del letto dei due fiumi, dando vita ad un unico rio tumultuoso, un drago d'acqua capace di sommergere tutto al suo passaggio.

Questo evento ciclico trova la sua sintesi estetica nell'immagine diluviale del collegamento tra le acque del drago fluviale *Tiamat* e le acque del profondo abisso *Apsu*.

---

18 Questa entità mitica si ritrova nei Libri di Enoch della tradizione apocrifa. Cfr. *Apocrifi dell'Antico Testamento*, Torino 1981.

Si conserva memoria che, già in età antichissima, furono creati una serie di punti di deviazione dei corsi del Tigri e dell'Eufrate. Tra questi, il più rilevante è chiamato *"Porto di Nimrod[19]"*, un canale di deviazione delle acque del Tigri che, se attivato, le fa defluire in un'ampia depressione che le fonti chiamano *Tartaro*.[20]

L'immaginario legato alla «*separazione delle acque dalle acque*» appare così chiaramente identificabile nel mito del diluvio come paura dell'uomo primitivo della furia della tempesta, in una zona temperata come la Mesopotamia, un giardino che si trasformava ripetutamente in un campo devastato dalla furia delle acque.

Quel che risulta più difficile da comprendere è il collegamento tra terra e cielo, il modo in cui *Tiamat*, drago terribile della distruzione, possa essere anche madre che crea e che nutre.

---

19 Nimrod, re di Ur, della stirpe di Cam nel ramo di Kush, è lo stesso sovrano che fece costruire la torre di Babele, a rappresentare il trionfo dell'uomo sulle forze della natura.

20 Cfr. *"Legends of Babylon and Egypt in relation to Hebrew tradition"*, cit.

La soluzione è data dal suo nome ulteriore, *Hubur*, collegato al fiume celeste e alle piogge, e ne rivela le qualità positive quando regna la condizione dell'armonia tra lei e le sue pianure, Anshur e Shumer, e tutta la Mesopotamia è un magnifico giardino.[21]

§17. Venuti da Nibiru?

Le scoperte di Qumran, riportando in luce i libri di Enoch, hanno contribuito in modo decisivo a colmare il vuoto che si trova al sesto capitolo del Libro della Genesi, quando viene descritto come gli Angeli del Signore avrebbero preso per sé le donne della terra.

Questa possibilità era stata proibita dal collegio di questi principi, con un esplicito divieto sotto sanzione. Ma uno di questi angeli cede alla sua bramosia. Il suo nome è Ratziel. È uno degli Elohim, un principe della stirpe venuta da Nibiru.

---

21 La Mesopotamia è costituita da due pianure, il cui snodo è dato dal punto di massimo avvicinamento tra i fiumi del Tigri e dell'Eufrate, che avviene in prossimità di Babilonia. La pianura a nord è Anshur, quella a sud Shumer. Relativamente all'omologia tra "giardino", "eden" e "paradiso" è da rilevare che con il termine "pardes" gli assiri intendevano parchi di animali tenuti in ampi recinti.

Cedendo alla bramosia dei sensi, prende una delle donne della terra, e si accoppia con lei. Lilith, la chiama.

La donna rimane gravida e gli genera un figlio. È proprio quel che non doveva accadere: adesso uno degli Elohim ha mescolato i suoi geni con quelli di una razza inferiore.

Gli Elohim possono vivere oltre 900 anni, le scimmie della terra non più di 30. Il loro codice genetico è completamente differente; tuttavia si possono accoppiare. Si sono accoppiati. Ed hanno generato un figlio.

Una delle varianti del mito racconta che Ratziel abbia provato a nasconderlo. Tiene Lilith segregata in una radura sotto il suo controllo.

Il figlio cresce. Non è un Elohim, tuttavia dimostra intelligenza.

Ratziel lo istruisce. Gli dona due tavole, dove sono contenute le lettere dell'alfabeto, che possono essere convertite in numeri, e il modo di cavarne le leggi e le relazioni fondamentali dello spazio e del tempo.

Ratziel passa molto del suo tempo con Lilith e il giovane Adamo, più di quanto non ne passi con gli Elohim. Ama coprirsi di foglie, ama la natura aspra di questo pianeta.

Lilith è poco più che una scimmia, però è adorabile, è affettuosa, è sensuale e selvaggia, ferina e materna.

Ratziel insegna al figlio il modo di leggere le stagioni guardando le stelle, e come avvalersi degli animali. Come accendere il fuoco. E soprattutto, come celebrare le preghiere dell'alba e del tramonto, guardando il sole tra due colonne.

Ma un giorno accadde quel che non sarebbe mai dovuto accadere. Ratziel trova Lilith e Adamo in un incestuoso amplesso, si adira, li caccia via. È il sigillo su quel che non sarebbe mai dovuto accadere.

§18. Pan, cioè Azazel

Gli Elohim sapevano già di quel segreto di Ratziel, che avevano tollerato. Ma adesso quello scandalo non poteva più essere tollerato, anche perché altri Elohim avevano avuto figli dalle donne della terra.

I collegio dei principi (Malachim) aveva deciso dunque di condannare Ratziel e gli altri che avevano avuto figli dalle donne della terra. Proprio a lui, Ratziel, la pena esemplare. Sarebbe stato appeso a un palo a testa in giù, nella valle dello Sheol, là dove il Tigri esegue un ansa che lo tiene lontano da quel dirupo.

La scena, descritta nel terzo libro di Enoch, è quella da cui si tramanda la tradizione del capro espiatorio. Ratziel viene sentenziato dal tribunale "Shemchazai", che vuol dire nome tagliato, o anche Azazel, dal nome del capro nero che viene mandato a lui giù nella scarpata, in segno di abbandono.

Ratziel è Prometeo nel voler dare la conoscenza all'uomo; Ratziel è Pan nel suo vivere nei campi, nel mescolarsi alla natura animale; Ratziel è Shemchazai, l'assassino di Lilith; Ratziel è Azazel, il condannato; Ratziel è Baphomet, che è uomo e donna e tiene in catene l'uomo e la donna; Ratziel è l'appeso, come Orione caduto nel fiume Eridano; Ratziel è uno degli Elohim venuti da Nibiru, il pianeta che un tempo si trovava tra

Marte e Giove, il pianeta perduto di cui parlano le tavole cuneiformi dei Sumeri; Ratziel è l'Antico dei Giorni; Ratziel è IAΩ.

§19. La Gran Madre del Cielo

Hera è l'immagine della Madre Universale, Signora del Cielo Roteante. È il fiume celeste che i sumeri chiamavano *Hubur* e la Cina arcaica tramanda sotto il nome *Han*.

È l' *Eunoè*, l'emanazione del primo pensiero[22] che promana dalla luce pura, è il flusso che seguono le grandi anime sulla via del ritorno.

L'*uscita del primo pensiero dalla dimensione piena della luce pura* rimane un mistero inesplicabile, è un evento sconvolgente, un *trauma*, l'espressione archetipica del femminile, *la Grande Madre Celeste* che manifesta la presenza di Dio per la sua assenza, attraverso le luci di un

---

22 Nel lessico della gnosi, *ennoia*. Cfr. *Testi Gnostici*, a cura di Luigi Moraldi, Torino 1982. Appare evidente l'identificazione tra questo *primo pensiero* e la figura metafisica di *Sophia*. Non è indifferente l'accostamento tra il sumero *Hubur* e il semitico *Kabeira*. Altro rilevante accostamento è il richiamo al grido "Evoé" che Edoardo Schré attribuisce al principio femminile nell'intero mondo mediterraneo (cfr. I grandi iniziati, Orfeo, capitolo IV, nota 1) e che viene presentato connesso al nome Yod-He-Vau-He con cui si designa il nome di Dio nell'Antico Testamento.

mistico *candelabro*.²³

La conseguenza principale che ne deriva è la necessità di dare struttura, formare, ordinare. L'attivazione di questo processo avviene attraverso il perfezionamento delle *lettere* – le energie che presiedono all'emanazione del pensiero – in forme composte. È quanto corrisponde all'ordinazione del firmamento, inteso come *"luogo dei nomi"*.²⁴

Le lettere sono stelle, le stelle sono nomi nel buio che a questa abissale tenebra danno ordine e struttura, significato e possibilità di ritorno alla perfezione.

---

23 Nella tradizione ebraica, Sophia si manifesta come *Shekinah* (presenza di Dio) manifestata attraverso le luci della Menorah (il candelabro a sette braccia). A questo simbolismo allude Dante nel XXIX canto del Purgatorio, dove descrive la processione lungo il Leté (fiume dell'oblio, opposto e complementare all'Eunoè), con sette candelabri, tre donne presso la ruota destra del carro e quattro presso la sinistra, lasciando trasparire la struttura del piccolo carro (orsa minore).

24 In ebraico "cielo" si dice *Shamaim*, mentre "nome" si dice *Shem*: i due termini hanno cioè la stessa radice, e Shamaim, considerato che *–im* è la tipica desinenza del plurale maschile, potrebbe essere grammaticalmente considerato forma plurale del termine "nome", come in effetti avviene nella letteratura cabalistica (cfr., in particolare, *Sepher Yetzirah*).

§20. L'Eden iperuranio

Il flusso non ha tuttavia un'unica direzione. Il fiume, nascendo da una medesima sorgente, ha due derivazioni: la memoria, e l'oblio.

La Via Lattea, simbolo del fiume primigenio Hubur (UR-BUR), si divide nelle opposte correnti del Leté e dell'Eunoè: l'Eunoè prosegue il corso della memoria, il Leté s'ingrotta e discende verso l'abisso.

L'età di Hammurabi, in rapporto alla civiltà mesopotamica, non è un'epoca originaria. Hammurabi (Amraphel secondo il testo biblico) è il sesto re della dinastia babilonese, che succede alle dinastie di Larsa, di Isin, di Accad e di Ur. In rapporto a queste remote dinastie, il tempo di Hammurabi rappresenta una sorta di "umanesimo mesopotamico", un tempo cioè nel quale si cercava di comprendere la storia e il senso dell'esistere attraverso lo studio delle fonti più remote.

Questo destino di "memoria perduta" si ripete per l' *Enuma Elish* quando, al tempo di Nabucodonosor, i sacerdoti caldei tentavano di ristabilire una chiara interpretazione. Una nuova ondata di ricerche sulle origini indusse i sacerdoti caldei di quel tempo, avendo intuito le comuni origini, a confrontare le loro scritture con quelle degli ebrei,[25] generando un intreccio che avrebbe avuto conseguenze ulteriori sull'interpretazione e sulla dottrina.

Memoria e oblio. Più che opposte, le due correnti sono complementari. La discesa del Leté nell'abisso è necessaria alla possibilità che l'abisso torni alla memoria, e cioè alla coscienza, alla luce.

L'Eunoè appare come il fiume originario da cui prendono vita i due Alberi Celesti: l'Albero della Conoscenza e l'Albero della Vita.

Questa simbologia è largamente nota per la sua derivazione biblica. Tuttavia, si può affermare che questa notorietà si ferma ad un livello superficiale, che raramente coglie le connessioni con il mito classico e l'astrologia tradizionale.

Albero della Vita è il nome più autentico della costellazione conosciuta con la designazione

---

25 Il libro di Ezechiele è testimonianza diretta di questa impostazione. Al tempo di Nabucodonosor, durante la deportazione in seguito alla distruzione del Tempio di Salomone, l'esilio in Babilonia fu per gli ebrei un confronto con le proprie origini mesopotamiche: dietro la grande contaminazione con il pensiero egizio – dai tempi di Giuseppe fino all'epoca di Mosè – il popolo ebraico si trovò a riscoprire le sue radici più profonde, che risalgono ad Abramo e alla città di Ur, e alla Mesopotamia.

"piccolo carro". Complementare e parallela, l'orsa maggiore è l'*Albero della Conoscenza.*

Sono questi gli alberi sacri del Giardino delle Esperidi.[26]

L'Albero della Conoscenza annuncia l'Albero della Vita, il sistema di stelle che contiene Kokab,[27] la stella polare, la *Stella Maris* dei naviganti, il punto più prossimo all'asse di rotazione della sfera celeste.

---

26 Le due costellazioni usualmente note come Orsa Maggiore ed Orsa Minore, costituiscono insieme un nucleo molto facilmente individuabile nel cielo stellato e, inoltre, distinto rispetto alla maggior parte degli altri corpi celesti. Esse, infatti, restano visibili durante tutto l'anno, non appartenendo alle stelle che si muovono all'interno della Via Lattea, né a quelle che si muovono nel cerchio dello Zodiaco (che segue l'orbita dell'eclittica), assumono così una fisionomia differenziata che ha dato luogo all'elaborazione dell'immagine degli alberi celesti. Il Giardino delle Esperidi è detto anche Arcadia in relazione all'Orsa Callisto, altra immagine della Grande Madre descritta da Ovidio – *Metamorfosi* II. Le Esperidi, così chiamate perché protettrici della sera, sono dunque le stelle delle due Orse. Insieme a loro danzano le Pleiadi e le Iadi, formando così tre gruppi di sette sorelle, tessitrici del destino e degli eventi.

27 Kokab, nella nomenclatura scientifica, è *beta Ursa Minor* – e non propriamente la stella polare, *alpha UMi* – nella tradizione ebraica il titolo Kokab (stella, cioè la stella per antonomasia) è attribuito ad entrambe.

§21. Il Signore dei Nomi

Il Giardino delle Esperidi è il fiore del corpo di Sophia, la Grande Madre Celeste, la Rosa Mistica.

Secondo il mito, la perfezione della bellezza che promanava dalla sua immagine riflessa dal nulla delle tenebre generò in lei una *hybris*, un turbamento dal quale scaturì una forza dell'abisso che, presa la forma d'un drago,[28] s'avventò su di lei e la ingravidò.

Da questo incredibile amplesso nacque UR-AN (Aor-On), il gigante delle stelle chiamato Ausar dagli egizi, Arya in sanscrito e Orion dai greci.

Orione divenne il grande cacciatore del cielo; i suoi cani (le costellazioni Canis Minor, con la stella Procione, e Canis Maior, con la stella Sirio), le sue reti per la caccia (le Hyadi e le Pleiadi), il suo carro (la costellazione dell'Auriga) esaltano la sua grandezza e gli conferiscono fama

---

28 La costellazione del Drago, la cui estensione s'insinua tra l'Orsa Maggiore e l'Orsa Minore, contiene una stella (*Thuban*, alpha Draconis) che circa 5000 anni fa era la stella polare. Il fenomeno della precessione degli equinozi (il ritardo tra il tempo di rotazione delle stelle e quello dei pianeti) ha spostato nella posizione polare una stella dell'Orsa Minore (attualmente Cynosura, *alpha Ursa Minor*).

e onori tra gli astri del cielo.

L'insieme degli astri che ne disegnano la costellazione rivela l'immagine di un uomo potente, dalle spalle larghe, le gambe divaricate, le braccia tese come nel gesto di brandire un bastone o un arco. Chiamato anche *Nimrod*, grande cacciatore, Orione divenne la più ardita proiezione dell'immaginario umano nell'universo.

Questo suo apparire possente si tradusse sin dall'origine in *una proiezione psicologica completa dell'uomo e del suo struggente destino.*

Esterno al cerchio dell'eclittica[29], Orione sembra appostato nella caccia degli animali dello zodiaco.

L'immagine del grande cacciatore si caricò di tutte le imperfezioni dell'uomo; tra tutte, la superbia, l'orgoglio, l'arroganza.

Insofferente della sua impossibilità di comprendere fino in fondo il suo ruolo, si immaginò Orione nell'atto prometeico[30] di arrampicarsi fino alla vetta del cielo, sino a quell'Eden in cima alla sfera celeste, il polo immobile in cui stanno l'albero

---

29 Eclittica è il cerchio che rappresenta il percorso annuale apparente del Sole in cielo. L'equatore è invece la linea centrale del cielo, che durante l'anno vede svolgersi il cammino delle costellazioni tradizionalmente identificate con i dodici segni. L'eclittica e l'equatore si intersecano in due punti, che corrispondono agli equinozi di primavera e d'autunno.

della vita e l'albero della conoscenza (le due Orse) e, disteso tra loro, il grande serpente; il drago dell'abisso.

Il tentativo di Orione di cogliere la Mela d'Oro dall'Albero della Conoscenza è l'espressione figurativa della sua eccessiva ambizione, del desiderio smisurato e infondato per via della sua natura non equilibrata, dell'insufficienza nella capacità di controllare i propri istinti e le proprie emozioni.

Così Orione divenne un tiranno ambizioso e spietato, crudele nel modo in cui dilaniava le sue prede, guerriero che mangia il cuore e beve il sangue dei suoi avversari.

I semiti lo chiamarono Bel-Or (*Baal*), che nel Mediterraneo divenne *Peloro*, il padrone, e poi ancora *El Shaddai*, nome in cui condensarono i misteri della potenza della natura.

---

30 È rimarchevole la somiglianza tra il mito di Orione e una pluralità di miti classici del mondo antico. L'assonanza con lo sforzo titanico di Prometeo, il tentativo di rubare la scintilla del carro del cielo e l'assalto al trono celeste appaiono come echi di una tradizione antichissima che trova nella figura di Orione, l'uomo in forma di stelle, l'archetipo più completo. Si noti, in una versione più "terrestre", il medesimo motivo nell'incarnazione di Pan.

§22. Il primo dei Cabiri

Orion, figlio di Sophia e del Drago, amante dei piaceri forti, dell'ebbrezza e dell'orgia, viene raffigurato con le sue baccanti, *Ashtaroth* (Astarte, la stella *Alphecca*, chiamata anche "anello spezzato")[31] e *Ashra* (Mizar, una delle mele d'oro del Giardino delle Esperidi).[32]

In questa veste è figlio della Natura, primo tra i Cabiri[33] adoratori della Grande Madre.

È lui a guidare il carro della notte, che avanza al ritmo dei cembali e dei sistri, ed ogni notte sale più in alto, come se potesse insidiare il Trono del Cielo.

Attraverso la complicità di Ashra, una notte Orion entrò nel Giardino,[34] e lì vide scintillare davanti a sé il più splendido ramo dell'Albero della Conoscenza, dove rifulgono le Mele d'Oro.

---

31 Alphecca, stella alfa della costellazione Corona Borealis, fa parte in realtà del gruppo (cluster) di Sirio.

32 La figura di Mizar è ambigua: insieme a Alioth e ad Al Qaid, è una delle tre mele d'oro dell'albero della conoscenza (Ursa Maior); tuttavia è anche una delle Menadi, una baccante (sotto il profilo astronomico, va notato che Mizar fa parte del gruppo di Sirio).

33 Sulle figure dei Cabiri come sacerdoti di culti misterici del mondo arcaico, si vedano, tra le numerose opere, *La Grande Madre* di Erich Neumann, Roma 1981 e *Gli dei della Grecia* di Károly Kerényi, Milano 1962.

Attratto da quello splendore, subito Orione provò a catturare a sé l'incantevole Vergine del Mattino.[35]

Ella si sentì attratta da Orione, ma resistette alla tentazione di concedersi a lui. Piuttosto, prese tempo, lo mise sotto esame. Non passarono che pochi giorni, e la natura di Orione presto si manifestò.

Una notte, dopo avere ucciso il Toro e il Leone, dopo aver bevuto il sangue delle sue prede dal loro teschio, dopo aver danzato al suono dei canti magici delle Menadi, dopo aver bevuto il sangue della luna dalla bocca di Astarte, Orione si trovò di fronte alla Vergine del Mattino.

Completamente ebbro,[36] rideva; il viso sconvolto, gli occhi iniettati di rosso.

Non si sarebbe atteso di vederla in quel momento. Quando ella capì che lui voleva catturarla, si rifugiò nel luogo più inaccessibile del giardino, riparando tra le spire della coda del Drago.

---

34 Il Giardino delle Esperidi è la zona del cielo prossima al polo nord dell'asse di rotazione della sfera celeste, dove si trovano le due Orse (i due alberi) separati dal Drago.

35 Al-Qaid, nome arabo della stella Merope, appartiene alla costellazione Ursa Maior, ma è una delle Pleiadi, chiamata "la vergine del mattino".

36 Il nome ebraico per Orione è ke-Sil, il *folle*. Un'eco di questa identificazione può essere colta nella dei tarocchi – XXII arcano maggiore – in cui si vede il folle, cieco ed accompagnato da un cane.

Per catturarla, Orione non esitò a scagliarsi contro il Drago.[37] La sua coscienza, rabbuiata dall'ebbrezza che viene dalla furia, non gli permise di sentire la voce di Sophia, sua madre, che gli diceva: «*Non scagliarti contro il Signore tuo padre!*». A questa voce, al contrario, Orione rispose: «*Io sono l'unico Signore dell'Universo! Io solo sono il Signore, e non ne esiste altri all'infuori di me!*».

A quel punto il Drago, colpendolo al viso con la coda, lo accecò.[38]

Per quanto indebolito, stanco, privo della vista, tuttavia la forza titanica di Orion divenne tremenda: come se gli eccessi di violenza gli restituissero vigore, come se una rabbia smisurata bruciasse all'interno del suo cuore.

---

37 La figura del Drago, identificabile con il padre di Orion, attiene ad un mito di cui nell'Enuma Elish è traccia, ma che rimane in uno sfondo insondabile. In effetti, il poema inizia con le parole *"Enuma Elish lo nabu u samamu"* che viene interpretato con "Quando in alto non c'era ancora nome". Il Drago, il cui nome è cancellato dal cielo e respinto nell'abisso, si manifesta come l'ineffabile mistero che nella cabala è identificato nella sephirah invisibile di Däath.

38 Alcune fonti fanno di Sirio (la stella più brillante del cielo) il diadema che cadde dalla testa di Orione (semitico: Ariel), per essere raccolta dal suo cane (Canis Maior, costellazione che segue da presso quella di Orione).

§23. I Palazzi del Cielo

Orion, il possente figlio delle stelle, lo splendido giovane danzatore, il fascinoso *Tammuz*[39] dall'incantevole bellezza, si trasformò in un despota, una potenza distruttrice.

Divenne Baal, il gigante che si vantava della sua invulnerabilità; Nimrod, il grande cacciatore accecato dal suo orgoglio. E diceva che nessun animale avrebbe potuto ucciderlo, tuttavia cadde giù dal cielo.[40]

La sfrenatezza, il cedere ai sensi, la perdita della ragione causata dalla lotta contro il drago suo padre; il colpo di coda che determinò la caduta del

---

39 *Tammuz*, nome onomatopeico forgiato sul suono del tamburo (si trova anche nella trascrizione Dumzi ed è probabilmente all'origine del persiano Ahura Mazda), richiama la danza bacchica di Orione, la frenesia della sua giovinezza. Si nota una vicinanza con la figura di Dioniso. Il nome riporta anche ad un mese del calendario ebraico, che corrisponde a giugno-luglio.

40 La descrizione della caduta di Orione è associata alla leggenda di Phaeton, il cui nome significa "colui che brilla". Nella versione collegata al mito solare, Phaeton ruba il carro del sole e si inoltra nel cielo ma, incapace di governarlo, impaurito dalla velocità e dal volto terribile degli animali dello zodiaco, cadde dal cielo precipitando nel fiume Eridano. Questa leggenda appare come derivazione di un mito più antico, il cui protagonista è lo stesso Orion. Dopo essere stato accecato dal Drago, Orion s'accese di un'ira terribile. Pieno di rabbia, si convinse che avrebbe potuto riconquistare la vista e diventare il Signore di tutto se fosse riuscito ad ascendere fino al Trono del Cielo, il punto più alto, segnato dalla Stella Polare.

diadema che cingeva la sua testa,[41] che rese ciechi i suoi pensieri: furono queste le ragioni che resero necessario porre un freno alla sua ambizione ed al suo dissennato orgoglio. Ma, tra gli astri del cielo, chi avrebbe potuto fermarlo?

Non il Toro celeste, né il Leone, né l'Idra, né il Leviatano. Nemmeno il Drago, il suo medesimo padre. Piccolo, silenzioso, strisciante, oscuro, lo Scorpione era l'unico essere che avrebbe potuto insidiare il gigante Orion.

A novembre, quando s'avanza il crepuscolo d'autunno, giunge nel cielo visibile la costellazione dello Scorpione[42] e sembra proprio arrivare alle spalle di Orione. E quando arriva lo Scorpione, osservando dalla Mesopotamia, Orione scende sotto l'orizzonte dell'equatore celeste e *dispare.*

Gli astronomi caldei, non vedendolo più, immaginarono che il gigante del cielo fosse stato ucciso dal veleno del pungiglione.[43]

---

[41] La stella Sirio, il diamante che ornava la fronte di Orion, cadde dalla sua testa quando osò dichiarare d'esser lui l'unico Dio dell'universo. Cfr. *Testi gnostici,* op. cit.

[42] È da notare che in Egitto si affermò una tradizione che identificò lo Scorpione con Seth, l'usurpatore che sottrasse il trono a Osiride. Di difficile interpretazione invece i rapporti tra il Seth egizio e il Seth biblico (terzo figlio di Adamo).

[43] Orion sarebbe stato morso al tallone, la stella Rigel (chiamata anche

La scomparsa di Orione rese necessario uno sviluppo ulteriore del mito. L'espressione più avanzata di questo sogno fu tradotta nella metafisica di una *caduta*.

L'arroganza di Orione, il suo folle ardire, lo aveva portato troppo in alto e, si sa, chi troppo in alto sale, precipitevolissimevolmente cade.

Occorreva adesso un intervento celeste per ripristinare l'ordine. Hera,[44] la madre sapiente, impose i quattro punti cardinali disponendo le Grandi Hekaloth,[45] i Palazzi del Cielo a capo dei quali stanno i grandi Arcangeli.

Algebar); il pungiglione dello scorpione è la stella Akrab. Questa leggenda, in Grecia assunse la forma della rivolta di Krono (figlio di Urano) contro il padre: immersi nel terrore di essere divorati da lui, i figli di Urano gemevano. Hera, la madre, diede uno scorpione al figlio Krono, per far colpire il padre. In questa versione il punto colpito non è il tallone, bensì i genitali. In Egitto questa medesima leggenda prese la forma del racconto di Osiride (Orione) e suo fratello Seth (Arcade). Seth fece uccidere il fratello per usurpare il regno. A ristabilire l'ordine sarebbe stato poi Horus (Perseo), il figlio di Osiride.

44 Hera, la Shekinah, la manifestazione del Dio invisibile attraverso l'assenza, corrisponde nella tradizione enochiana all'angelo Metatron. Per quanto declinato dalle fonti con aspetto maschile, tuttavia rivela un potente archetipo femminile che induce a riconnetterlo all'idea della Grande Madre: il medesimo nome Metatron, a causa del fatto che l'ebraico è una lingua esclusivamente consonantica, può esser trascritto MTTRVN e dunque, facilmente, manifesta la sua riconducibilità a termini come *Matrona, Matroneo*; si noti inoltre la funzione attiva del femminile, paradossalmente resa per il tramite dell'idea dell'assenza, la Shekinah dei cabalisti.

§24. Il fiume Eridano

Colpito dal morso di Akrab, Orione cadde nel fiume Eridano, vertigine di stelle che conduce ad un abisso.

La costellazione dell'Eridano comincia da Cursa[46] e si snoda in un precipizio che culmina con la stella Achernar.

Achernar, il cui nome significa "fine del fiume", è una stella che non è visibile dall'Europa a causa della sua declinazione. Da Babilonia e dall'Egitto, invece, Achernar segna una posizione estremamente particolare, in quanto delinea esattamente l'orizzonte.

---

45 Le Grandi Hekaloth sono custodite dalle quattro stelle che reggono gli angoli del cielo (Aldebaran, Fomalhaut, Antares, Regulus) e che corrispondono ai quattro arcangeli (Michael, Gabriel, Ariel, Raphael). La dottrina ebraica dei palazzi si ritrova immutata nella tradizione cinese, dove Michael/Aldebaran, Signore delle Pleiadi, è il reggente del palazzo della Tigre Bianca; Gabriel/Fomalhaut detiene la dimora del Guerriero Verde; Ariel/Antares è il capo della magione del Drago Azzurro; Raphael/Regulus è il reggente della casa dell'Uccello Rosso. Questa concordanza dottrinale è di straordinario rilievo, costituendo prova evidente della continuità tra la tradizione astronomica orientale e occidentale. Sul punto, può essere interessante indagare le omologie tra testi come l'*I King* e il *Sepher Yetzirah*.

46 Kursa (beta Eridani) è una stella molto vicina a Rigel, il tallone di Orion, il punto in cui il gigante era stato morso dallo Scorpione.

La leggenda indicava l'Eridano come l'origine del Tigri e dell'Eufrate, ed Achernar come il punto di contatto tra le acque superiori e le acque della terra.

I Sumeri chiamarono la loro più antica città Eridu, e la posero sotto la divinità di Orione, dicendo che *il gigante del cielo aveva sposato la Terra.*[47]

Orion non era morto: era sprofondato nelle profondità della terra. Nel linguaggio del mito gnostico, seguendo le tracce dei manoscritti di Nag-Hammadi, se si intende *Firmamento* come libro dei nomi e il cielo stellato come libro della vita, è chiaro che la scomparsa di Orione è concepita come punizione dovuta alla sua arroganza, che si oggettiva nella cancellazione del suo nome dal libro celeste.

Precipitato nel fiume Eridano, Orion giunge così nell'abisso. Ma la sua ira, la sua rabbia è ancora così possente da richiedere un nuovo intervento, per rinchiuderlo[48] dove non possa nuocere.

---

47 I Sumeri chiamavano Orion AN (accadico En, babilonese El) e lo consideravano lo sposo della terra (KI, accadico-babilonese Lil). Dal contatto tra Orion e la Terra, reso possibile dalla congiunzione tra il fiume celeste Eridano e i fiumi della Mesopotamia, nacque la vita sulla terra. Le creature generate da questo contatto vennero chiamate Anun(na)ki, figli (NUN) di Orion (AN) e della Terra (KI).

I quattro Arcangeli reggenti[49] s'avventano su di lui: lo colpiscono, lo stordiscono, lo catturano: e tuttavia, proprio quando potrebbero facilmente infliggergli il colpo di grazia, Raphael lo guarisce con la luce, sotto gli occhi dei suoi fratelli. Insieme infine lo chiudono in un abisso di materia, per impedirgli di continuare la sua azione distruttiva, in attesa che venga il tempo in cui anche a lui possa tornare alla vera vita e giungere la luce.

---

48 Si colgono facilmente, in questa parte del mito, le assonanze con miti ctonii come quello di *Prometeo*, il gigante incatenato, o con *Encelado*, il gigante che nell'Eneide appare sepolto sotto l'Etna (e che nella Teogonia di Esiodo appare sotto il nome *Typhon*), o come la vicenda della natural burella che dà struttura al mondo infero nel poema di Dante.

49 Su questo archetipo persiste un elemento di ambiguità: perché se Raphael, Gabriel e Michael sono chiaramente identificabili per ruolo e per funzione nei racconti tradizionali, diversa è la posizione di Auriel, che appare simile allo stesso Orione. Curioso è l'accostamento con la figura mitica che in Cina è chiamata a raffigurare Orione, Shen, immaginato come un gigante senza testa, decapitato (cfr. Derek Walters, Chinese Astrology). Inoltre, se si accoglie la tesi che l'intero zodiaco di Denderah (e dunque gli arcani dei tarocchi che ne derivano) non sia altro che la storia di Orione, questa immagine è associabile alla trasformazione degradata del Mago nel Folle, che rinvia alle bende negli occhi del Matto, o alla cecità di Samael.

§25. Malkvth e il Re del Mondo

Lo schema simbolico si ripete: scendendo da un ordine all'altro, si ottiene una iterazione su un livello differente. L'architettura del mito risponde in modo esatto al salto logico tra ordini di esistenza che sussistono su piani diversi.

L'uscita dalla luce pura del primo pensiero (Eunoé) assume la forma archetipica dell'origine delle stelle.

Allo stesso modo, su un ordine differente, la caduta di Orion (l'uscita di Orion dall'ordine stellare) dà origine ad un livello più basso della manifestazione dell'essere: quello dei mondi che vivono di luce riflessa, i pianeti.

Racchiuso dagli Arcangeli in una prigione di materia (Malkvth, il pianeta Terra), Orion non era morto, tuttavia aveva perduto il suo nome. Divenne Kronos, il signore dell'abisso del tempo, padrone dell'oltretomba, Hades con i suoi cani,[50] Dite,[51] principe del mondo sotterraneo, sovrano

---

[50] La figura si ritrova identica in Egitto nella coppia Osiris e Anubis.

[51] Il nome *Dite* appare un ricordo del nome del padre, Daäth, il drago dell'abisso.

del regno delle ombre.

La sussistenza delle entità senza forma[52] è condizionata dalla forza di gravità che li trattiene nel tempo, ancorando i mondi di luce riflessa alle sfere superiori.

Accadde poi che la luce che si riversava sulla superficie del pianeta generò un'emanazione di bellezza: un'immagine della Madre Celeste, il cui riverbero riuscì a penetrare le profondità della terra.

Vedendo quell'immagine meravigliosa, Kronos scatenò la sua forza, fino a liberarsi dalla sue catene. Conquistò la donna (Gea, personificazione della terra, l'immagine della giovinezza, la Kore adolescente nell'atto di raccogliere fiori): e da questo meraviglioso amplesso nacque il primo Zagreus.

Le leggende ctonie della vita sotterranea hanno sempre una funzione simbolica legata alla rigenerazione: questa considerazione aiuta a spiegare la sostituzione Urano (Orion, Baal) → Kronos (Hades, Seth) → Zeus (Dioniso, Tammuz).

Perdendo la memoria delle sue origini, UR-AN

---

[52] Questa dimensione dell'essere è riconosciuta nelle religioni tradizionali. Nel suo commentario alla Torah, Rashi ne spiega l'essenza e la natura, così come avviene nel Corano nella descrizione dei Djinn.

divenne il "Figlio del Tempo", "l'Antico dei Giorni", "Samael", il portatore del nome di Dio e poi "Shemchazai", colui il cui nome fu cancellato dal Libro della Vita. Il "Signore della Terra", il "Re del Mondo". IAΩ. ΠΑΝ.

La Madre Celeste (la Via Lattea, il fiume Hubur), per aiutarlo, con l'intervento dell'uomo che doma i serpenti[53] gli restituì la vista; poi si manifestò a lui come la luce che era caduta dalla sua fronte al momento dell'accecamento: ed apparve splendente come il diamante incastonato sulla corona spezzata[54] per divenire sua sposa, regina del mondo sotterraneo.

Da Kronos, volto sotterraneo di Orion, e da Astarte, chiamata dai greci Persefone, nacque Zagreus.[55]

Il contenuto di fondo è legato a concetti come

---

53 La costellazione Ophiuco, associata dai greci ad Esculapio, signore della medicina.

54 La costellazione Corona Borealis, il cui diamante è la stella al-Fakkah, l'antica Ashtaroth (bab. Ishtar, eg. Isis, sem. Lilith, collegata alla notte, *Laielah* e alla luna, *Levanah*).

55 Zagreus è la catena di monti che circonda a nord-ovest la Mesopotamia, nell'attuale Iran (il cui nome, come nota W.T. Olcott nel suo *Star Lore of All Ages*, è collegato ad Aryan e Orion). Zagreus è per i greci un attributo di Dyonisos, il cui nome accadico è Dumuzi, babilonese e semitico Tammuz. Tammuz, collegato ai riti di fertilità, celebrati con tamburi, sistri e ogni altro tipo di strumenti, è anche il mese del calendario semitico che corrisponde a giugno-luglio. Per gli egizi, Tammuz è Horus, il figlio di Osiride. Quest'ultima identità rivela la continuità tra le figure di Dyonisos e Perseo.

autorità e potere, ed il valore antropologico va cercato nella trasformazione del tiranno che divora i propri figli in un padre saggio e sapiente.

Il ciclo di Urano-Saturno-Giove è noto in psicoanalisi come paradigma su cui è costruita la teoria pulsionale del complesso di Edipo, la sindrome del conflitto padre/figlio.

Urano e Saturno condividono la caratteristica di costituire due soggetti espressione di un dominio dispotico, tirannico. In talune versioni, si tratta di padre e figlio, con il figlio (Saturno/Kronos) che, liberatosi dal giogo del padre, ripete a sua volta il medesimo errore nei confronti del proprio figlio (Giove/Zeus).

Secondo la variante egizia, Urano[56] (Osiris) e Saturno (Seth) sono fratelli, e Seth appare come l'usurpatore del potere legittimo. In questa trasposizione, Giove/Horus appare come il vendicatore dell'uccisione del padre. Questa versione del mito appare la più antica, collimando perfettamente nell'identità con il babilonese Marduk e con i valori simbolici attribuiti alla costellazione Perseo.

---

56 È evidente l'originaria sovrapposizione tra Orione e Urano. Non va dimenticato che il pianeta è stato scoperto soltanto nel 1781 e, in precedenza, il nome Urano veniva impiegato per indicare la volta celeste nel suo complesso.

§26. Ermeneutica, non interpretazione

L'interpretazione che si propone non teme di essere parziale e inesaustiva. Al contrario, il riconoscimento che non può non esserlo costituisce parte della sua forza. La quantità ulteriore proviene dal fatto che questa non è l'interpretazione e neanche un'interpretazione. È semplice esegesi, ermeneutica del mito e cioé l'esame del complesso delle immagini che ogni mito si porta dietro.

I nomi sono troppi. Le analogie e, ancor più, le pretese analogie, possono apparire forzate: si tratta di miti veramente universali, ai quali ogni cultura ha dato tuttavia forme e nomi differenti. I nomi non sono neutri, e il cambiamento di denominazione fa assumere alla storia connotati diversi: in questo senso il passaggio dalle fonti sumere a quelle babilonesi, egizie, ebraiche, persiane e greche non può non generare confusione e dispersione.

La costanza di quest'alea tuttavia non vale a nascondere le evidenti somiglianze che il poema assiro-babilonese presenta con il libro della *Genesi*, con la *Teogonia* di Esiodo o con alcuni inni del *RigVeda*.

Queste somiglianze non possono venire respinte come casuali.

In particolare, la continuità con l'ebraismo (che poi è l'asse portante attraverso cui queste fonti sono giunte a noi) è dipesa dalla deportazione degli ebrei in Babilonia durante l'impero neo-babilonese;[57] per quanto riguarda le versioni greche, non v'è dubbio che queste debbano la loro continuità proprio alla mediazione ebraica.[58]

---

57 L'impero neo-babilonese (625-539 a.C.) fu segnato dalla deportazione dei giudei in Babilonia ad opera di Nabucodonosor. A quel tempo l' Enuma Elish era particolarmente diffuso e veniva letto per intero pubblicamente durante il rito della celebrazione del nuovo anno in Babilonia.

58 Questa connessione è documentata in particolare dal Libro di Ezechiele, che è contemporaneo al momento della deportazione babilonese. La preoccupazione di datare con esattezza il momento in cui scrive e di dare indizio circa il luogo, non sono caratteri secondari. L'epoca è quella dell'impero neo-babilonese, una fase in cui i sacerdoti caldei s'interrogavano sulle loro fonti antiche. Il luogo è presso il fiume Kebar, di cui si possono annotare le assonanze con Kerub (per gematria), con Kabiru e con Hubur. Nessuna di queste appare casuale. Soprattutto, si notano le indicazioni del tentativo dei sacerdoti caldei e dei dotti ebrei, di ritrovare le comuni origini attraverso lo studio incrociato delle scritture. In questo modo, è stato notato, gli ebrei sono risaliti oltre le più recenti (ascendenti a Mosé) derivazioni dottrinali egizie, al nucleo più remoto (Abramico e dei Patriarchi anteriori al Diluvio), che è certamente mesopotamico. Cfr. *"Legends of Babylon and Egypt in relation to Hebrew tradition"* di Leonard William King (Schwich Lectures, London 1916).

La ricerca del significato conquista la sua dimensione più elevata nel manifestarsi processo inesauribile. Non è possibile in questo campo la definizione certa, l'acquisizione definitiva.

Malgrado la differenza delle fonti e delle forme, si può tuttavia ritenere individuato un nucleo indissolubile: la dottrina dell'origine celeste della luce ed il suo irradiamento attraverso il fiume originario (Sophia, Hubur, Eunoé) e poi, dopo il contatto con il drago dell'abisso e la generazione di Orion, il congiungimento tra l'Eridano e i fiumi della terra.

LA SOCIETÀ DEGLI **SPIRITI**

§27. Uno spettro s'aggira per l'Europa

La concezione della vita come dimensione impermanente – e dell'*esistenza terrena come prova preparatoria ad altre fasi del viaggio dell'anima universale* – è una componente non secondaria nella costruzione dell'immaginario legato all'Europa moderna.

È stato scritto che dall'Occidente non è mai sorto nessun profeta. Questo può anche esser vero, e può anche non esser affatto negativo. Dall'Occidente non sono venuti profeti, ma poeti sì, e grandissimi.

La poesia autentica, la poesia più grande svela e rivela che *la vita sulla terra non è l'eternità,* e proprio per questo occorre fare in modo che ogni anima possa trovare le condizioni su questa terra per affrontare una tappa del viaggio che sia utile al proprio progresso materiale, psicologico e spirituale.

Quest'idea è alla base della concezione di *repubblica delle lettere, società degli spiriti*, che l'illuminismo recò all'idea di Europa. È un'idea completamente nuova, che non vede più gli stati nazionali come centro dello sviluppo della vita umana, ma li trascende mediante un principio che non trova più nella solidarietà di razza il suo centro unificante quanto, piuttosto, nel senso di solidarietà morale e di connessione spirituale.

Quest'idea, che si compendia nella formula voltairiana di *"Società degli Spiriti"*, chiede, reclama il sostegno di individui forti che siano dotati dello spirito di libertà, di autonomia, di indipendenza, tratti tutti egualmente necessari a rendere vivo questo nuovo modello di società.

Per tentare di indagarne i fondamenti, torniamo all'esame del mito e ritroviamo l'immagine dell'armonia tra i fiumi del Giardino, che scintilla dei colori liquidi che hanno le acque tranquille dell'Eridano,[59] il fiume che collega il cielo alla terra.

È allora che si afferma l'ordine di un sistema di vita che ha il suo principio nell'Eden.

---

59 Dalla stessa radice il nome della più antica città sumera, Eridu.

Il Dio è il signore delle acque che sono sopra la terra. Ordina l'Eden e subito dopo, spinto dalla richiesta dei suoi fratelli, dà luogo alla creazione dell'uomo.

Perché crea l'uomo?

Per coltivare il giardino e invocare i nomi del Signore.

In questo modo, la condizione dell'uomo nell'Eden si manifesta come mito fondante del rapporto tra l'uomo e il lavoro. Dunque, l'uomo deve lavorare e pregare perché l'ha ordinato il Signore.

È un vecchio ritornello. Com'era scritto sul cancello del campo di concentramento di Auschwitz, *"Il lavoro rende liberi"*.

§28. Conseguenze sul comportamento individuale e sociale

La domanda che consegue è: se si ammette – e ce ne sono tutte le condizioni – *la possibilità interpretativa per cui il dio dell'Eden non è Dio,* quali sono le conseguenze sul comportamento individuale e sociale?

Questa domanda non presuppone una lettura del mito dell'Eden necessariamente identica a quella qui proposta sulla base dell'accostamento tra libro della Genesi ed Enuma Elish.

La questione resterebbe eguale se considerassimo l'enigma delle forme plurali contenute nella fonte canonica (*«*Facciamo l'uomo a *nostra* immagine*»*[60]) che il Corano risolve come dialogo tra Dio e gli angeli.[61]

Gli studi contemporanei sono del resto sostanzialmente concordi nel riconoscere che soltanto gradualmente il pensiero biblico è approdato al monoteismo.

Passi come «Il Signore presiede l'assemblea divina; in mezzo *agli dèi*[62] egli giudica» appaiono chiari indicatori di questa tendenza, della lenta emersione alla coscienza di un Dio trascendente, che nelle prime espressioni del pensiero biblico ancora non c'è, non si è formato.

All'origine c'è soltanto il desiderio di trovare l'immagine divina dell'uomo scritta nel gran libro del destino, il cielo stellato.

---

60 *Genesi*, I.26.

61 *Corano*, XV.28.

62 Salmi (LXXXII.1) Dèi è traduzione per *Elohim*, notoriamente una forma plurale: per regola generale, il plurale maschile in ebraico si forma con la desinenza –im, mentre il plurale femminile con la desinenza –oth.

Primi a sviluppare la dimensione sacerdotale, i popoli della Mesopotamia scelsero per sé come Dio la più grande immagine umana che trovarono nel cielo: il gigante Orione.

Gli egizi, che vennero dopo, dovettero inventare qualcos'altro, per non rimanere succubi dell'impero vicino: ed immaginarono leggende su Sirio, sulla caduta di Orione, sul regno di Seth. Furono però soltanto deboli palliativi: a parte pochi giorni di novembre, quando Orione va sotto l'eclittica, la gloria del grande cacciatore rinasceva, risorgeva, sempre più forte.

La vera grande invenzione fu l'idea di Akhenaton: ribaltare la divinità dalla notte al giorno: in questo modo l'Egitto, adorando il sole, poteva sostenere di adorare un Dio più grande e più potente che quello dei babilonesi. Inoltre, Akhenaton giunse ad intuire il principio trascendente, affermando che il sole era solo la manifestazione visibile del Dio invisibile.

L'ideale di Akhenaton fu travolto dalla storia e dimenticato dai suoi successori. Tuttavia, il seme rimase e germinò quando Mosè, liberando il popolo ebraico proprio dal giogo degli egiziani, adattò questa dottrina liberandola da ogni residuo cosmologico.

Per non essere condizionato né dal Signore degli astri della notte (Orione-Baal, il dio babilonese), né dal *dominus* del giorno (Shamash, il sole degli egizi), Mosè spinse all'estremo grado di astrazione il suo Dio, immaginandolo al di là di ogni cosa creata, totalmente trascendente e insondabile.

Questa concezione, così sublime e perfetta, non fu affatto compresa dal popolo e non fu mai completamente accettata dai sacerdoti.

Piuttosto che della libertà, c'era bisogno dell'ordine sociale. Il Dio immateriale e trascendente tornò ad essere un dio nazionale, signore degli eserciti, in tutto simile agli idoli di Babilonia o di On.

Secoli di storia stratificano questa dottrina senza risolverla. Questi movimenti s'intensificarono durante l'epoca dei dissidenti della comunità di Damasco, il nucleo originario cui si iscrive la predicazione di Giovanni il Battista e di Gesù, fino agli ultimi tentativi rivoluzionari di Rabbi Aqiba e Simeon bar Kocheba, che finirono con la distruzione del Secondo Tempio.

La sorgente dottrina cristiana lentamente si trasformò da opera di riforma dell'ebraismo in religione autonoma e distinta. Nell'entusiasmo di proporsi come dottrina innovatrice, come religione aperta a tutti, il cristianesimo assunse toni popolari, con il tentativo di rendere Dio comprensibile, accessibile, individuabile.

Derivò da questo approccio l'identificazione di un dio-persona, una presenza salvifica sempre disposta ad accogliere e perdonare.

A questa immagine del dio d'amore e di misericordia fece tuttavia da contraltare il volto severo del clero che, una volta che il cristianesimo divenne religione dell'impero – e, successivamente, dei principali stati europei – s'irrigidì in posizioni dogmatiche, ergendosi a strumento di controllo sociale e di sostegno a un sistema di potere conservativo e feudale. Altri secoli di storia stratificarono queste dottrine.

L'illuminismo infranse questo equilibrio contrapponendo alle istanze delle monarchie alleate del clero le necessità pressanti della borghesia. È interessante il lavoro che molti storici contemporanei stanno affrontando per mettere in luce come la presenza nell'Europa medievale dei ceti mercantili arabi abbia contribuito al formarsi di questa classe di commercianti e artigiani.

E non è un caso che proprio il massimo irrigidimento del cristianesimo in quanto religione di stato possa identificarsi in quegli anni con l'istituzione della "santa inquisizione" e con l'espulsione di ebrei e musulmani da tutti i possedimenti della corona spagnola.

Naturalmente, quell'espulsione condusse ad atteggiamenti diversi. Molti andarono via, altri accettarono di convertirsi al cristianesimo. Ne derivò il formarsi di culture ibride, non più musulmane o ebraiche ma nemmeno pienamente cristiane. Sono queste le origini del cuore meticcio dell'Europa moderna.

§29. Distorsioni della coscienza

La visibilità delle conseguenze di ogni fatto traumatico è pensabile soltanto su effetti di lungo periodo.

Perché possano divenire manifesti, occorre che i contenuti latenti siano generalizzati, resi condivisibili in quanto portati a conoscenza della generalità delle persone. E, naturalmente, c'è da attendersi che questi contenuti non siano accolti con facilità in quanto, trattando di temi e argomenti che stanno al di sotto della soglia della coscienza, comportano "resistenza", intesa come inclinazione al rifiuto spontaneo rispetto ad argomenti che inducono a mettere in dubbio concetti acquisiti dogmaticamente o appartenenti alla sfera del "rimosso".

Di fatto, *rimozione* significa una distorsione della coscienza dell'uomo[63] e dunque, riportare l'inconscio alla coscienza significa introdurre una nuova consapevolezza capace di concepire le ragioni della creazione di una *falsa coscienza*. Riportare l'inconscio alla coscienza si concretizza quindi come tensione ideale, come fede nella forza liberatrice della verità.

La dottrina di Mosè, che in un attimo liberava la storia umana da un *dominus* invadente e oppressivo trasformandolo in un Dio trascendente, era geniale. Troppo, per essere compresa e assimilata.

Freud giunge al punto di sostenere che Mosè venne ucciso dal suo popolo, e che questo misfatto sia poi stato nascosto e occultato anche attraverso la manipolazione delle scritture.

Non è necessario spingersi così lontano per comprendere che, comunque, a fronte del Dio trascendente, le classi sacerdotali avessero ben più bisogno di un dio degli eserciti, un dio nazio-

---

[63] Erich Fromm, *Marx e Freud,* Milano 1997.

nale, un dio che giudica e condanna.

L'inadeguatezza del popolo e gli obiettivi di controllo sociale dei sacerdoti: è soprattutto per questo motivo che il Dio trascendente di Mosè non riuscì a cancellare il Signore dell'Eden.

Certamente l'idea di un dio di punizione e di condanna è stata funzionale agli interessi delle ierocrazie, dei sacri garanti dell'ordine costituito,[64] che hanno giocato su questa forza che sta alla base del comportamento umano nella sua sfera di relazione sociale, determinandone il carattere, che è dato appunto dalle forze dalle quali l'uomo è motivato.[65]

L'accettazione di una simile immagine di dio, negatoria e punitiva, è funzionale ad un sistema sociale di uomini sottomessi e rassegnati alle logiche di un potere che si trova sempre e comun-

---

64 Max Weber, *The theory of social and economic organization*, New York 1964.

65 Dal punto di vista di chi aderisce alla concezione religiosa propria di una religione, è chiaro che le affermazioni qui espresse possono apparire sediziose e, al limite, blasfeme. La ragione di chi non può aderire al dogma può trovare logico mettere in luce le contraddizioni sussistenti tra le diverse religioni (come nel caso del tema della rappresentazione di Dio); ma non è sensato puntare su ciò che divide. I contenuti unificanti appaiono di maggior rilievo per il *progresso della conoscenza spirituale* e proprio la loro necessità di interpretazione appare la miglior garanzia per l'affermazione di un'etica di reciproca comprensione in cui può trovar spazio anche l'errore. Riconoscere l'errore, infatti, è la condizione per superarlo. In questo consiste il valore della conoscenza.

que altrove e al di sopra.

L'incondizionata approvazione di questa immagine, la cui accettazione avviene a partire dalle unità fondanti della società, e cioè su base familiare, continua attraverso un'organizzazione sociale che costruisce l'uomo come individuo desideroso di riversare le proprie energie nel lavoro dipendente, senza troppe domande sui fini ultimi del proprio lavoro, anche quando questi potrebbero essere eticamente negativi o dannosi: il *lavoro* derivante dal fatto che un superiore ha dato un ordine, indipendentemente da ogni considerazione, assume così un'aura di razionalità intangibile, in base alla quale si da per scontato che ogni azione è provocata da motivi morali e ragionevoli.

D'altra parte il terribile anatema, sempre pronto ad essere scagliato nella logica borghese occidentale su chi non accetta le finzioni di questa attitudine acritica e incondizionata al lavoro, è l'applicazione dell'etichetta del "fallito", cui conseguono isolamento e ostracismo. Sono questi potenti deterrenti, che comportano la rimozione della consapevolezza dei fatti e inducono all'accettazione delle finzioni e dei luoghi comuni, che hanno prodotto *l'habitus mentale dell'* "uomo *dell'organizzazione"*, senza coscienza e convinzioni ma orgoglioso di essere una rotella dell'ingranaggio.

Finzioni e luoghi comuni hanno la funzione di ridurre l'incertezza e stabilire le regole di un universo conosciuto, chiuso e rassicurante. La libertà è possibile soltanto a condizione di infrangere razionalmente, cioè con consapevolezza, questo sistema chiuso, introducendovi categorie critiche innovative, che conducono ad esplorare il nuovo e l'ignoto.

§30. Se le religioni siano o no sistemi dotati di possibilità evolutiva

Il recupero di categorie critiche può essere svolto soltanto mediante l'indagine sui valori fondanti della società, e dunque portando l'analisi sotto la soglia del livello conscio. Una simile operazione conduce a riconoscere che ogni uomo è determinato ad agire da forze che sono prevalentemente al di fuori della sfera della consapevolezza.

Ciò rende chiaro che, mediamente e normalmente, noi non siamo liberi. E vuol dire anche

che *portare contenuti inconsci alla coscienza, cioè progredire nella consapevolezza, significa aumentare la libertà.*

Il punto di partenza, remoto ma irrisolto, resta quello: la condizione dell'uomo nell'Eden è la struttura logica che definisce il rapporto tra l'uomo e il lavoro. Adamo viene infatti posto nel giardino "affinché lo coltivasse e lo custodisse" e cioè per lavorare al servizio degli dei.[66]

Il sistema economico, inteso come organizzazione del controllo delle risorse su cui si fonda l'assetto occidentale, fa della dipendenza dalla moneta il sistema di controllo sociale più potente. Come ha scritto Max Weber nella *"Teoria dell'organizzazione economica e sociale"*, lo scambio razionale, che è lo schema di transazione entro il quale si inquadrano le relazioni economiche, è possibile soltanto quando entrambe le parti si aspettano un profitto dallo scambio, ovvero quando una delle parti è obbligata dalla sua necessità o dall'altrui potere economico.

In un sistema di eguaglianza formale, qual è l'assetto politico delle democrazie occidentali, la

---

[66] Il termine ebraico per lavorare è *oved* [עבד] servire. Questo elemento è presente sin dalle versioni più arcaiche del mito. Nell' *Enuma Elish* è Marduk a creare l'uomo spinto dalla richiesta degli altri dei di avere qualcuno in grado di adorarli.

proprietà privata è il sistema mediante il quale si stabiliscono le differenze tra chi può esercitare un potere economico e chi è costretto a subirlo.

Sulla base di queste relazioni economiche si decidono gli equilibri di accesso alle risorse, determinando i diversi assetti sul mercato: imprenditori, lavoratori dipendenti, salariati. È fisiologico che il sistema necessiti di un qualche sistema regolativo, ed il libero mercato può anche adempiere a questa funzione: non si deve dimenticare la lezione keynesiana in base alla quale il libero mercato non sempre trova il suo equilibrio in un regime di piena occupazione e che, al contrario, la condizione normale è quella di un equilibrio in *regime di sotto-occupazione.*

La mancata occupazione di tutti i fattori produttivi (e, in particolare, del lavoro), produce un assetto in cui è possibile introdurre, per chi si trova in condizione di vantaggio, *possibilità di sfruttamento* (e cioè di diseguale distribuzione) su chi è in posizione di svantaggio, generando fattori di accumulazione del capitale da parte di un ristretto numero di soggetti.

Un'interpretazione radicale di questo concetto porterebbe ad affermare che ogni sistema di proprietà, in quanto sottrazione di risorse alla fruibilità generale, è un furto[67].

Indipendentemente dal valore teorico e dalla tensione ideale, questa affermazione tuttavia non coincide, in generale, con le *regole concrete della vita*. Un terreno che non sia assegnato in proprietà resta un terreno incolto. E la proprietà di una struttura abitativa si rivela essenziale al progresso individuale di ogni persona: un luogo dove appartarsi e potersi concentrare sulle proprie attività è fondamentale per la costruzione di ogni possibilità di sviluppo morale ed etico.

Il discorso si fa assolutamente differente quando l'accento viene posto non già sulla *proprietà dei beni individuali* (rispetto alla quale si pongono comunque ragioni di equità) ma sulla *proprietà delle risorse necessarie alla collettività:* l'aria, l'acqua, le risorse energetiche, sono questi gli elementi che devono essere sottratti all'arbitrio dei privati perché sia possibile per tutti una vita libera, con un equilibrio sostenibile per il pianeta.

Non è il caso di farsi illusioni: che il mondo sia una trappola piena di insidie e inganni tesi a impedire l'emancipazione dell'uomo dal dominio di natura è un principio che in Occidente ha storicamente trovato schermi e preclusioni, e tuttavia è

---

67 Cfr. Pierre-Joseph Proudhon *Qu'est-ce que la propriété?*

rimasto appena sotto la superficie. In Oriente, invece, questa concezione appare consolidata in tutto lo sviluppo dottrinale del pensiero religioso prevalente e con un elemento di forza estremamente significativo: e cioè che il rifiuto e la *negazione della verità dell'esistenza terrena* non derivano da un sentimento tragico della vita e della storia ma, piuttosto, dalla comprensione della *superiorità dell'anima sul mondo*.

§31. I Fiumi dell'Altrove

Un'equivalenza che non può non essere osservata è quella segnalata dal nome con cui il Mar Mediterraneo viene denominato in lingua ebraica, che è esattamente *Acheron*.[68] Il segnale di questa identità trasporta il mito di questo fiume dell'Ade ad una identità sublime, che ricongiunge la terra al cielo legandoli con le corde di Tempo e Necessità.[69]

Questo fiume primevo, attraverso il nome Hubur che assume nel poema mesopotamico Enuma

---

68 *Deuteronomio*, XXXIV 2.

69 Cfr. G. De Santillana – H. Von Dechend, *Il mulino di Amleto*, Milano 1983.

Elish riconduce poi alle antichissime forme rituali, poste in essere dai suoi sacerdoti, i misteriosi Habiru, gli inafferrabili Cabiri, chiamati anche Kureti o Coribanti.[70]

§32. Anamnesi

Strettamente collegati ai misteri della Grande Madre, i Cabiri assumono un ruolo centrale nello sviluppo delle forme rituali, di cui sono i sacerdoti arcaici.

La metamorfosi del loro nome in Coribanti rende esplicita la natura di questi rituali nella forma di celebrazioni fortemente connotate da danza e musica, in una dimensione nella quale ciascuno dei partecipanti ammessi, in base al grado della propria esperienza e delle proprie abilità e conoscenze, aveva un ruolo attivo.

Percotitori di tamburi e di metalli, i Cabiri sono i sacerdoti di un arcaico culto matriarcale che sopravvisse trasformandosi secondo il modello dell'Enuma Elish e dei Misteri di Eleusi.

Cabiria, la Gran Madre degli Dei, è una divinità

---
70 Károli Kerényi, *Miti e misteri,* Torino 1979.

femminile che, per un eccesso d'amore, giunge ai confini del mondo e, per questo eccesso d'amore, genera nuova vita.

L'originaria forma del racconto assume l'identità tra il fiume Hubiru e il drago Tiamat. Il fiume celeste viene poi trascinato in Abzu, l'abisso profondo. Questa antichissima versione del mito venne poi riletta e adattata in forma umana attraverso la vicenda del viaggio di Ishtar, Iside o Persefone, conservando però il tratto originario della discesa agli inferi.

Da Persefone nacque un figlio: Dioniso. Con Dioniso (che equivale in modo pressoché perfetto al babilonese Tammuz, e che si presenta come un'altra forma di Nimrod e Marduk) si entra nel cuore di quei rituali celebrativi che presiedono alla trasformazione moderna dei riti arcaici. Dioniso è ancora un'entità intermedia che rappresenta il furore estatico, l'esaltazione dell'ebbrezza derivante dalla carne e dal vino. L'assorbimento telestico[71] delle divinità di Orione nel corpo dei sacerdoti-sciamani che presiedono al rito è totale, ancora priva di intermediazione simbolica.

Un più compiuto livello di definizione propria-

---

71 Il termine "telestico", di etimologia greca, è adoperato per indicare il sistema di danze finalizzato all'immedesimazione del sacerdote nel dio. (Cfr. Jean Rouget, *Musica e trance*, Torino 1977).

mente artistica, con la sostituzione di incensi profumati ai sacrifici di animali e la recitazione coreutica, giunse propriamente con Orfeo, che di Dioniso si ritenne sacerdote.[72]

All'opera di Orfeo e a quella dei suoi continuatori si deve la cristallizzazione formale degli *Inni* ed il loro successivo compiersi nella forma delle sacre rappresentazioni sul modello dei Misteri.

Questi Misteri, tra i quali per antonomasia quelli di Eleusi, con forme parallele e analoghe che furono proprie del genio di Empedocle e di Stesicoro[73], costituirono il veicolo di un sapere che veniva trasmesso attraverso l'ammissione ad una esperienza diretta.

Sotto il profilo artistico, si tratta di una concezione che precede il teatro. Teatro, infatti, è termine che presuppone un osservare. Questa concezione si riflette anche nella struttura scenica: il teatro spezza il verificarsi dell'evento in due luoghi, separando chi esegue l'azione (l'attore) da chi la osserva (lo spettatore). Diversamente, la celebrazione orfica è un sistema in cui il cerchio

---

72 Eduard Schuré, *I grandi iniziati, storia segreta delle religioni*, op. cit.

73 Il vero nome di Stesicoro era Tisia. L'epiteto rimanda alla sua funzione di "istitutore di cori", che è un chiaro segnale in rapporto alla funzione iniziatica delle sacre rappresentazioni del mondo antico, dove l'appartenenza a un coro indicava il grado di conoscenza, dal neofita a più alti livelli.

è perfetto e non c'è separazione tra attori e spettatori.

Di più: si tratta di un sistema in cui l'evento è preparato da una processione che conduce i diversi partecipanti all'evento (divisi in cori, secondo il grado, i.e.: novizi, esperti, maestri) al luogo designato, dove li attende l'unificazione delle anime attraverso il battito del tamburo e dei sistri, delle siringhe e degli aulós, unitamente a qualcosa di ulteriore che viene espresso attraverso maschere, gesti ieratici e danze sacre.[74]

Nel rito non ci sono spettatori, ognuno è parte attiva di quel che avviene (di quel che deve avvenire) e i ruoli sono differenziati per esperienza (gradi iniziatici) e consapevolezza.

L'applicazione al teatro delle categorie di ricer-

---

74 Questa concezione del rito, che nelle forme animistiche assume l'aspetto di un invasamento della divinità nel corpo dello sciamano, era nota in Grecia come rituale telestico Successivamente, la progressiva spiritualizzazione ne ha progressivamente svuotato la funzione di possessione, sublimandone gli elementi poetici e spirituali, riconducendone le funzioni a quelle di rituali propiziatori e di fertilità. In età storica, l'affermarsi delle religioni rivelate ne ha compresso l'espressione in forme di festa volte ad allontanare i mali: in questo modo sono sopravvissuti nell'Italia meridionale i fenomeni del tarantismo e della *tammorriata* (cfr. Ernesto De Martino, *Sud e magia*, Milano 2000). Per altre vie, l'elemento di comunicazione con il mondo ctonio è persistito attraverso le figure della commedia dell'arte – tra tutte quella di Arlecchino – che, quando non svuotate del tutto e ridotte a puri elementi comici, sono le forme di sopravvivenza delle processioni misteriche del culto dei morti (cfr. Roberto Tessari, *Teatro e antropologia*, Roma 2004; nota ai vv. 118-123 del XXI Canto dell'Inferno – commento di Umberto Bosco e Giovanni Reggio, Torino 1979).

ca etnologiche ed antropologiche ha fortemente contribuito al recupero di queste nozioni, non soltanto da un punto di vista teorico, ponendo l'accento sul fatto che un'esperienza non è mai completamente posseduta se non viene espressa attraverso azioni che la completano. Victor Turner[75] in particolare ha espresso questo concetto portandolo alle sue più chiare conseguenze: ricondurre il teatro ad un'istanza che precede la divisione tra spettatori e attori è un processo di retribalizzazione che infrange l'ordine costituito dello star-system e della macchina di produzione, generando la possibilità – anche sulla base della diffusione delle tecnologie e della loro crescente accessibilità – di fare dell'esperienza artistica un patrimonio condiviso, un'esperienza spirituale.

Questa idea di confronto, condivisione e diffusione di conoscenze che gravitano intorno ad un teatro da vivere soggettivamente come esperienza diretta è qualcosa che già di fatto avviene in gruppi ristretti ma solidamente ramificati in sentieri internazionali[76] capaci di andare al di là delle convenzioni linguistiche assumendo caratteri che collegano gesto e suono, ed operando in funzione

---

75 Victor Turner, *From ritual to theatre*. New York 1982.

76 Si veda, a.e.: Eugenio Barba, Nicola Savarese, *A dictionary of theater anthropology*. London 1991.

dell'attivazione di automatismi per il recupero di tracce mnestiche di memoria inconscia.

L'effetto che ne deriva è quello di mettere in relazione tratti unificanti delle *cultural heritages* mediterranee ed europee e si traduce nell'opportunità, sempre concreta ed attuale, di attuare percorsi avanzati per la costruzione di viaggi intelligenti che possono assumere le caratteristiche di esperienze guidate, stages, soggiorni speciali, workshop, performances.

L'intendimento è quello di sollecitare operazioni orientate a contribuire alla costruzione di importanti nozioni connesse all'identità culturale, ai temi del rispetto delle diversità, dei diritti umani e di una nozione allargata di cittadinanza attiva.

Eduard Schuré, altro grande alfiere dell'orfismo nel mondo moderno, sostenne sempre che l'Europa di una comune identità culturale avrebbe dovuto nascere da manifestazioni internazionali fondate sul teatro, quel certo tipo di teatro che ha il suo confine con il rito cerimoniale, un sistema far partecipare quanta più gente possibile, per coinvolgere l'anima delle persone in un modello di relazione più ampio, di più grande respiro.

L'intera evoluzione della teologia, nella fase fondativa, è determinata dall'argomento del

Nome.

I libri di Mosè testimoniano con forza questa tensione che passa attraverso l'irrisolta antinomia tra il nome *Elohim* (con cui si apre il libro della Genesi, con l'episodio della Creazione cosmogonica dei Sei Giorni) e il nome *Yahweh* (che appare in corrispondenza dell'episodio dell'Eden e della Creazione antropogonica di Adamo ed Eva).

Elohim e Yahweh[77] – che la tarda tradizione latina della *Vulgata* ha cercato di risolvere accostando i due nomi e traducendoli con la formula neutra *"Dominus Deus"* non sono del resto gli unici nomi con cui il Signore viene nominato nei Libri. Accanto a questi, si registrano i nomi *El, El Shaddai, El Elyon,* con cui il Signore si rivela ad Adamo, ad Abramo, a Isacco, a Israele.

---

77 Il nome *Elohim* è indubbiamente il più antico tra i due. Scrive in proposito Max Weber (*Ancient Judaism*, op. cit., capitolo V.1): "la tradizione Elohista, la più antica tra le due grandi fonti di collezioni, in modo pressoché privo di ambiguità attesta che Yahweh era un nuovo dio ricevuto per via della confederazione di guerra, il cui culto fu istituito attraverso le regole di Mosè."

Inoltre, un'interpretazione razionalistica sicuramente può legittimare l'affermazione in base alla quale *Elohim* è un nome plurale (come rivela la desinenza *–im*, che è la forma plurale maschile della lingua ebraica).

Il nome *El* indica il concetto del Dio per antonomasia, talora connotato come *El Elyon*, il Dio Altissimo, o come *El Shaddai*, il Signore della Terra.

Quest'idea del "Dio per antonomasia" rimanda quindi ad uno stadio evolutivo in cui il Dio Unico è ancora *un dio tra gli dèi*. Precisamente, è un dio nazionale che contende il suo primato con quello dei popoli vicini, con il Baal dei cananei o con il Dagon dei Filistei.

Il concetto di "Dio per antonomasia" oscilla così tra una monolatria nazionalistica – ancor oggi non superata e non risolta – e l'elaborazione di un'idea metafisica, trascendente.

I germi di questa concezione erano presenti sin dall'antichissima tradizione degli inni mesopotamici che trovarono poi sistemazione nel poema *Enuma Elish* – da cui il racconto della creazione, narrato al primo capitolo del libro della Genesi, in larga misura dipende.

In questi inni è contenuto infatti il concetto di una luce (Aur, *Ur*) ancestrale, primigenia (*An*) da cui deriva tutto ciò che esiste.[78]

Il grande punto di svolta introdotto dall'elaborazione ebraica è dato dall'ancoraggio del culto di Mosè alla dottrina iconoclasta di *Abramo, che non ammetteva che il Dio potesse essere racchiuso in una immagine.*

---

[78] Si può notare la continuità logica ed etimologica che sussiste tra la teogonia degli inni mesopotamici e quella degli inni orfici d'età greca. Lo stesso nome dell'entità concepita dai greci come padre degli dèi, Urano, denota questa perfetta, ricercata sintonia.

L'impossibilità di rappresentare Dio diviene dunque il fondamento di una nuova dottrina astratta, capace di includere la trascendenza.

La necessità storica rende tuttavia necessario un confronto serrato con due idee rivali: da una parte, il persistere dell'idea di un dio-nazione, un simulacro di guerra capace di enfatizzare il popolo e motivarlo nelle battaglie[79]; dall'altra, l'affermarsi di un dio-persona, immagine della natura che si rigenera e si rinnova, un dio-uomo che muore e risorge.[80]

Oppure, un dio della natura, un arcangelo provenuto da un altro pianeta, vissuto su questa terra come il grande Pan, progenitore di una nuova stirpe alla quale avrebbe voluto dare i semi di un sapere perduto.

---

[79] Yahweh, secondo l'interpretazione di Max Weber (*Ibidem*, V.2), risponderebbe a questa tipologia.

[80] La prima traccia di questo tipo di divinità appare a Babilonia con la figura di *Tammuz* (che è anche il nome di un mese dell'estate nel calendario semitico, corrispondente all'incirca al luglio del calendario gregoriano), che si ritrova nei caratteri del Dioniso greco e, sublimato, in alcuni tratti di Gesù. La condizione dell'uomo come espressione del divino è presente anche nella concezione del Buddha Shakyamuni. Nel *Sutra del Loto*, tuttavia, questa nozione dell'uomo che nel mondo muore per risorgere in cielo è precisata con la definizione di questa struttura narrativa come un espediente per rendere accessibile qualcosa che altrimenti rimarrebbe incomprensibile alle menti semplici.

O, ancora, la semplice razionalizzazione di uno sguardo alle stelle del cielo, l'identificazione dell'uomo con l'uomo delle stelle, Orione-Osiride, con il suo corollario di conquiste e di nemici, fino al precipitare sulla terra.

Tutte queste immagini non sono date per stabilire quale sia quella vera. Semplicemente, non c'è quella vera perché sono tutte vere, sono immagini dell'anima che pretendono vivere dentro di noi. E lo fanno.

La dottrina astratta del Dio trascendente si forgia e raggiunge il grado di perfezione con la connessione del *Nome* al verbo (e alla dimensione dell') *essere,* che si manifesta con la rivelazione ottenuta da Mosè sul monte Sinai,[81] trasformando un principio individuale in un Ente spirituale trascendente.

---

[81] La caratteristica decisiva nello sviluppo dell'idea religiosa nel popolo di Israele, è la presenza di gradi di libertà che affrancano alcune figure capaci di innovare e modificare il sistema dei valori religiosi in modo indipendente dalle classi egemoni del clero sacerdotale e dell'aristocrazia. Questa funzione è stata svolta storicamente dai profeti, che di fatto hanno rappresentato l'irruzione di intellettuali liberi (come Ezechiele), talora rappresentanti dei ceti artigianali e mercantili (come Amos) o anche di ceti popolari e rurali (come nel caso di Geremia) e, talora, addirittura di proseliti o figli di proseliti (come nel caso di Rabbi Aqiba). Questi gradi di libertà hanno consentito la permeabilità delle concezioni esterne, in particolare a quelle dell'orfismo ellenistico, che ha contribuito decisivamente all'innovazione del pensiero ebraico e delle sue concezioni religiose. In effetti, il cambiamento del nome operato da Mosè, nella sostituzione del principio individuale י con il principio spirituale א realizza in modo perfetto questa intuizione.

Un Dio invisibile, inconoscibile, non rappresentabile, totalmente astratto, indifferente alle differenze, capace di ricevere l'infinito e non esserne colmato, completamente immateriale, ineffabile, insondabile come è stato sempre e come sempre sarà, concepibile soltanto attraverso le forme pure dell'istinto religioso, e cioè l'intuizione della coscienza.

Si riafferma così l'idea pura del Dio unico trascendente e la speranza di una società spirituale.

L'oro dell'Eden

«Un fiume usciva da Eden per irrigare il giardino, poi di lì si divideva e formava quattro corsi. Il primo fiume si chiama Pison: esso scorre intorno a tutto il paese di Avìla, dove c'è l'oro e l'oro di quella terra è fine; qui c'è anche la resina odorosa e la pietra d'ònice.»

Chi vede nello *Zohar* comprende questa immagine come lo specchio della mente. Chi scruta nell' *Ash Metzareph* sa che l'oro è una condizione della mente, che ha gradi d'intensità diversi. L'oro finissimo è il massimo di questa astrazione: si ottiene dallo sgretolamento delle rassicuranti certezze e dalla loro ebollizione nell' *Atanor* regolando la temperatura del fuoco in funzione della necessità costante del perfezionamento. Invece della verità, il percorso.

Per chi non confonderà il racconto con la vita, questo è

L'Oro dell'Eden

www.ingramcontent.com/pod-product-compliance
Lightning Source LLC
Chambersburg PA
CBHW031436210526
45464CB00005B/2232